Le chartreux

W0340865

Direction éditoriale
Hervé Chaumeton, Philippe Coppé

Coordination éditoriale
Sophie Jutier

Relecture
Léo Mirabel

PAO
Nathalie Lachaud

Photogravure
Chantal Mialon, Stéphanie Tridoux

© Losange, 2004
© Éditions Artémis pour la présente édition
ISBN : 978-2-84416-260-1
N° d'éditeur : 84416
Dépôt légal : juin 2004

Achevé d'imprimer : février 2010
Imprimé en Chine par Toppan Leefung

Le chartreux

Christiane Sacase

Artémis Éditions

Sommaire

Introduction

« À fréquenter le chartreux,
on ne risque que de s'enrichir. »
Colette, *la Chatte*

Quiconque a eu un chartreux dans sa vie sait qu'il est irremplaçable.

Pour son allure unique : aucun chat au monde n'a l'air aussi adorable que lui, avec ses grands yeux d'or au regard tendre et étonné, ses grosses bajoues et cette sorte de « sourire » qui fait penser au chat étrange rencontré par Alice au pays des merveilles.

Pour son épaisse fourrure d'un gris-bleu harmonieux où la caresse se perd avec volupté.

Pour sa forte personnalité et son tempérament de vrai chat, tendre et pudique. C'est le champion du gros dos, des ronrons et des baisers sur la joue.

Pour sa grande sensibilité et son attachement à son maître. Attentif au moindre état d'âme de ce dernier, il lui manifeste clairement, selon les circonstances, sa joie ou sa sollicitude.

Pour son sens de la propriété qui le rend un rien jaloux. Mais le chartreux préfère souffrir en silence si un autre chat reçoit un temps les faveurs de son maître, ce qui ne l'empêche pas de se montrer très accueillant envers bêtes et hommes. C'est le chat sociable par excellence.

Pour son extraordinaire faculté d'adaptation. Rien ne perturbe le chartreux, ni les nouveaux venus, ni les voyages, ni les déménagements. En appartement, il vit sa vie calmement, à la campagne il s'éclate, courant, sautant et chassant avec ardeur.

Pour son insolente santé : ce charmant nounours est une vraie force de la nature.

Pour son omniprésence. Se déplaçant avec majesté et discrétion, il a l'art de remplir l'espace sans en avoir l'air, à la fois proche et lointain.

Le compagnon parfait ? Presque. Ce super chat n'aime pas qu'on le prenne dans les bras s'il n'en a pas envie et il n'hésite pas à sortir ses griffes pour le montrer. Une attitude qu'il partage néanmoins avec nombre de ses frères.

Généralités

L'HISTORIQUE DE LA RACE

La France revendique le chartreux à juste titre puisqu'il vit dans notre pays depuis au moins le XVIe siècle. Ce chat serait arrivé du Moyen-Orient, vraisemblablement de l'ancienne Syrie, et plus précisément des régions montagneuses de la Turquie ou de l'Iran.

Histoire d'un chat gris

> LES ORIGINES

« Il serait venu chez nous à bord des navires assurant le commerce entre l'Orient et les ports français après les croisades », écrit le spécialiste Jean Simonnet dans un ouvrage consacré à cette race. Le poil laineux du chartreux est en effet parfaitement adapté à un climat montagnard et, surtout, sa ressemblance avec le chat de Syrie décrit par Aldrovande, savant italien du XVIe siècle, semble bien confirmer cette origine.

Le poète Joachim du Bellay a le premier fait allusion au chartreux, lors d'un voyage à Rome en 1558, en écrivant ses *Vers français sur la mort d'un petit chat.*

« … Doncques Belaud, premièrement
ne fut pas gris entièrement
ni tel qu'en France on les voit naître
mais tel qu'à Rome on les voit être.
Couvert d'un poil gris argentin,
ras et poli comme satin,
couché par ondes sur l'échine
et blanc dessous comme une ermine… »

D'où vient son nom ?

Où, quand et comment notre matou national a-t-il pris le nom de chartreux ? On a d'abord avancé qu'il le devait à la couleur de robe des moines chartreux. Une théorie qui ne tient pas car celle-ci est blanc cassé.

On a dit aussi que ce chat avait été élevé par les moines chartreux de la célèbre abbaye du Dauphiné, universellement connue pour sa fameuse liqueur. Malheureusement, il n'existe aucune trace écrite ou orale confirmant la présence du chartreux dans ces lieux.

Une autre hypothèse, plus plausible, est que ces chats gris auraient vécu aux alentours d'une Chartreuse qui existait jadis à l'emplacement des jardins du Luxembourg, à Paris, et qui aurait inspiré leur nom.

Il est beaucoup plus vraisemblable que ce chat ait été baptisé chartreux en raison de la ressemblance de sa robe légèrement laineuse avec la pile des chartreux, une laine espagnole.

Comme nous l'apprend ce célèbre poème, il existait donc en France depuis déjà quelques années des chats d'un gris uniforme, ceux-là même qui, deux siècles plus tard, seront baptisés chartreux.

> Entre pelletiers et naturalistes

Des recherches remontant jusqu'au XVIIe siècle ont montré qu'en Auvergne et dans certains quartiers de Paris vivaient quelques groupes de chats gris-bleu que les gens du peuple nourrissaient. Ces pauvres chats, victimes de la beauté de leur pelage, connaissaient un sort peu enviable. Le *Dictionnaire universel de commerce, d'histoire naturelle et des arts et métiers* de Savarry des Bruslon, publié en 1723, ne laisse aucun doute là-dessus. On peut y lire : « Chartreux, le vulgaire nomme ainsi une sorte de chat qui a le poil tirant sur le bleu. C'est une fourrure dont les pelletiers font négoce. »

Au XVIIIe siècle, on trouve également plusieurs descriptions de l'épaisse fourrure laineuse du chartreux dans des ouvrages de pelleterie.

Les naturalistes, eux, s'intéressaient aux particularités de la race. Linné, dans son *Systemae naturae*, publié en 1735, distingue nettement dans ses ouvrages ce chat bleu auquel il va donner le nom scientifique de *Catus coeruleu*, des chats angoras. La *Grande encyclopédie* de 1753 décrit le chartreux avec précision comme un chat au poil gris cendré, tirant sur le bleu.

On retrouve la description du chartreux accompagnée du premier dessin connu le représentant dans l'*Histoire naturelle* de Buffon, tandis que son collaborateur Daubenton s'interroge sur la couleur de robe de la race : « Je ne sais pourquoi on prétend que ces chats sont bleus ; ils n'en ont aucune teinte ; leur poil est gris cendré sur la plus grande partie de sa longueur et il y a du brun noirâtre au-dessous de l'extrémité ; comme les poils sont fort touffus et couchés les uns sur les autres on ne voit que la couleur grise de la pointe et le brun qui est en dessous… », écrit-il.

Les pelletiers, quant à eux, continuaient à confectionner des robes de chambre et des parures avec la fourrure du chartreux, qui, comme le note le docteur de Beauregard en 1896, « rasée à mi-poil et teinte, est donnée comme fourrure de loutre ». Le malheureux chat, qui était en général bien dodu, finissait aussi à la casserole.

« On rencontre encore journellement en France des gens qui mangent des chats bien nourris et gras appelés chats des chartreux. Ils les mangent rôtis ou à l'étouffée », peut-on lire dans un ouvrage du XIXe siècle.

Heureusement, les Français ont petit à petit cessé de consommer ces chats et de s'en faire des manteaux. Sans doute avaient-ils mauvaise conscience de continuer à les sacrifier à une époque où le chat de compagnie commençait à se répandre dans toutes les classes de la société…

Un chat de race

Le chartreux doit son entrée dans le monde des chats de race à deux femmes, mesdemoiselles Christine et Suzanne Léger. À la fin des années 1920, ces anciennes élèves de l'école d'horticulture de Versailles apprivoisèrent quelques sujets qui vivaient à l'état sauvage près de leur maison de Belle-Île et entreprirent de les sélectionner. Dès la première portée, elles obtinrent des chatons bleus typés et, en 1928, elles présentèrent leurs premiers chartreux en exposition. Plusieurs d'entre eux furent rapidement primés.

Deux ans plus tard, la morphologie du chartreux faisait l'objet d'une description exacte par le docteur vétérinaire Jumaud, qui donna à la race son nouveau nom scientifique de *Felis catus cartusianorum.*

La première chatte bleue des demoiselles Léger, Marquise, mariée par leurs soins à un matou bleu de l'Hôpital, Coquito, a donné naissance à la fameuse Mignonne, nommée par la suite Championne internationale titulaire de la coupe challenge belge et du Prix d'esthétique. Il existe quelques photos de Mignonne de Guerveur, entourée d'une ribambelle de chatons laineux. Ces documents nous montrent que le chartreux a relativement peu changé depuis lors.

Grâce aux efforts des demoiselles Léger, un premier standard de la race a été établi en 1939. D'autres élevages se sont parallèlement développés dans la région parisienne et dans le

Colette : une amoureuse de la race

L'écrivain Colette, qui vouait une passion aux chartreux, a beaucoup contribué à la reconnaissance de ce chat. Dans les années 1930, une chatte gris-bleu ardoise lui tenait souvent compagnie sur les photos. Lorsqu'elle mourut, Colette ne voulut jamais la remplacer et elle lui rendit hommage dans son roman *La Chatte,* paru en 1933. Son héroïne, Saha, jeune femelle chartreux, est vêtue d'un pelage « mauve, bleuâtre comme la gorge des ramiers » et son maître Alain l'appelle avec amour « Mon petit ours à grosses joues… Mon pigeon bleu… Démon couleur de perle ». Colette, qui n'était pas seulement sensible à l'esthétique de la race, mais également à son tempérament, a encore écrit : « À fréquenter le chartreux, on ne risque que de s'enrichir. » Une opinion partagée par tous les connaisseurs et que nous avons tenu à mettre en exergue de cet ouvrage.

Massif central. Les éleveurs sont également partis de chats gris-bleu vivant en liberté, mais ils les ont croisés avec le persan bleu pour améliorer la couleur de l'œil. Les deux souches ont, par la suite, été croisées avec celle de Belle-Île.

Des croisements malencontreux

> L'hybridation avec le british blue

Le chartreux a prospéré jusqu'à la Seconde Guerre mondiale. Certains éleveurs, sous prétexte de le sauver, le croisèrent en effet avec des british blue. Ces chats perdirent ainsi de leur pureté, mais conservèrent quand même leur notoriété.

Dans les années 1960, une éleveuse du Massif central décida d'importer d'Angleterre une femelle british blue, Pensylva Julia, pour la marier à un célèbre étalon de l'époque, Jimbo, en vue d'éviter la consanguinité et d'apporter du sang neuf aux lignées françaises. Malheureusement, les croisements devinrent systématiques. À force de marier leurs chartreux avec des british qui, porteurs de sang persan, avaient une morphologie différente, certains éleveurs se retrouvèrent ainsi avec des types hybrides, tantôt british, tantôt chartreux, tantôt les deux.

> La réhabilitation

Devant cet état de fait, la FIFé décida en 1970 d'assimiler le chartreux au british blue et prit

Des maîtres célèbres

Le chartreux a eu l'honneur d'être le favori de Colette, mais aussi celui du général de Gaulle qui, en 1968, adopta notre chat national en la personne de Ringo de Balmaton. Prénommé Gris Gris, ce chat vécut à Colombey et partagea les derniers jours de l'existence du chef de l'État.

C'est aussi un chartreux baptisé Dagobert qui inspira à son maître, le dessinateur Siné, sa percutante série de dessins humoristiques sur les chats.

comme modèle le standard de ce dernier ; puis deux ans plus tard, elle revint à celui du chartreux. La confusion était totale et les juges devaient juger selon le même critère des chats tantôt typés british, tantôt typés chartreux !

Heureusement pour le chartreux, certains éleveurs qui s'efforçaient de conserver le type original prirent avec force la défense de la race et réussirent à lui faire restituer son standard.

En 1977, le chartreux a donc été séparé du british blue et a eu droit à son propre standard. Celui-ci fut remanié lors de l'assemblée générale de la FIFé à Vienne, en 1989, afin que quelques précisions soient apportées, permettant de distinguer encore mieux la race de celle du british blue.

Aujourd'hui, ce chat bien français, débarrassé des apports de sang british, jouit d'une popularité qui augmente très régulièrement. Il séduit surtout les amateurs de chats à la beauté pas trop sophistiquée.

Le chartreux à l'étranger

> En Amérique du Nord

Les États-Unis et le Canada ont vite adopté le « *french cat* ». Les premiers chartreux importés aux États-Unis, en 1970, par Mrs Gamon étaient un mâle, Taquin de Saint-Pierre, et deux femelles, Vandale de Saint-Pierre et Thilda de Saint-Marcoult.

Actuellement, le chartreux est reconnu par toutes les associations américaines et, depuis 1987, il est admis à concourir en championnat à la CFA. Les Américains qui importent régulièrement des sujets français pour renouveler leurs lignées n'ont jamais assimilé le chartreux au british. Le standard en vigueur à la CFA marque cependant quelques légères différences avec celui de la FIFé.

> En Europe

Si les Britanniques boudent le chartreux, lui préférant le british blue local, ce chat est de plus en plus populaire et bien représenté, non seulement en France, mais aussi en Belgique et en Suisse. Son élevage s'est récemment développé en Italie et en Espagne et la Tchécoslovaquie s'y intéresse. Ainsi, l'avenir du chartreux peut être considéré avec optimisme.

Le standard du chartreux

Il n'y a pas de race reconnue sans standard, lequel sert de base pour juger les chats présentés dans les expositions. Le standard est aussi le guide le plus précieux de l'éleveur pour ses programmes de reproduction.

Qu'est-ce qu'un standard ?

Il définit de manière aussi précise que possible les différentes caractéristiques recherchées dans une race : la morphologie générale, celle de la tête, du corps, la texture et la longueur du poil, la ou les couleurs admises pour la robe et les yeux. Le standard indique également les défauts particuliers que l'on peut rencontrer chez un sujet et qui sont susceptibles de le disqualifier. Il est complété par une échelle de points attribués à chaque partie du corps. Cette échelle de points permet au juge qui examine le chat en exposition de le noter comme un professeur note les copies de ses élèves, selon leur qualité.

Le standard d'une race est établi pour la première fois lorsque celle-ci est officiellement reconnue par une des instances mondiales : le Governing Council of the Cat Fancy (GCCF) en Angleterre, la Fédération internationale féline (FIFé) dans de nombreux pays d'Europe, la Cat Fancier's Association (CFA) et The International Cat Association (TICA) aux États-Unis ou le Livre officiel des origines félines (LOOF) en France.

Les années passant, les standards peuvent faire l'objet d'aménagements particuliers selon l'évolution des races. Il faut également noter que, d'un point de vue global, les races ne sont pas toutes reconnues en même temps par l'ensemble des instances félines mondiales.

En France, le chartreux est jugé selon le standard LOOF, intermédiaire entre celui de la FIFé et celui de la TICA. On peut noter que malgré quelques points de divergences, l'idée que l'on se fait du chartreux reste très proche quel que soit le standard employé.

Le LOOF (Livre officiel des origines félines)

Une fédération pour la gestion du Livre officiel des origines félines (LOOF), agréée par le ministère de l'Agriculture, a été créée en 1996 afin de promouvoir et de certifier les chats de race.

La Fédération féline française ainsi que les clubs de race sont désormais intégrés au LOOF. Les clubs de race (un seul par race) affiliés au LOOF ont pour objet d'améliorer les qualités génétiques, morphologiques et comportementales des chats de race. Il existe également des associations félines régionales (comprenant parfois des sections départementales), agréées par le LOOF, qui organisent les expositions.

Le standard du LOOF

> Description générale

Le chartreux est une race française. C'est un chat rustique, non cobby. Bien que grands, les chartreux sont extrêmement souples et agiles. Les mâles sont souvent plus grands que les femelles et plus lents à la maturité. La texture de la robe, sa couleur et celle des yeux dépendent de l'âge du chat.

Les qualités de puissance, d'intelligence et de sociabilité qui ont permis au chartreux de survivre sans aide pendant des siècles doivent être évidentes en exposition et faire l'objet d'une sélection rigoureuse.

La tête est grande, large et arrondie, en trapèze inversé, un profil légèrement concave se terminant par rapport à la tête, mais il n'est pas pointu. Les bajoues, placées bas, sont bien développées chez les mâles adultes. Les patons sont bien développés. Le cou est court, fort et lourd. Les mâchoires sont puissantes, spécialement chez les mâles arrivés à maturité. Les oreilles, moyennes, paraissent petites par rapport à la taille de la tête et hautes sur la tête. Les grands yeux expressifs sont arrondis et modérément espacés.

Le corps robuste est grand et bien proportionné, mais jamais gros. Les épaules sont grandes et musclées, avec une poitrine bien développée qui lui donne une apparence de solidité et de massivité. La queue est plus épaisse à la base, de longueur modérée, s'effilant légèrement au bout. Les pattes sont droites, robustes et musclées. Les pieds sont petits et ronds.

La texture de la robe est dense.

• Description de la couleur

N'importe quel gris-bleu, uniforme jusqu'à la base, avec un sous-poil fourni, ce qui donne un aspect légèrement laineux et relevé. Une couleur uniforme et clair est préférée aux couleurs ombrées. Le cuir du nez est gris ardoise, les lèvres sont bleues, les coussinets rose taupe. On tolère des barres et des anneaux à la queue chez les chats de moins de 1 an.

• Tête

Forme : large et arrondie, en trapèze inversé.
Taille : grande.
Profil : légèrement concave se terminant par un nez droit et large, un front haut avec des contours doux.

Front : espace étroit et plat entre les oreilles.
Mâchoires : puissantes.
Museau : étroit par rapport à la tête, mais pas pointu. Patons très développés.
Joues : pleines, formant des bajoues chez les mâles adultes.

• Oreilles

Forme : étroites à la base, légèrement arrondies.
Taille : moyenne.
Placement : haut sur la tête, en alerte.

• Yeux

Forme : arrondis et ouverts, expressifs.
Taille : grands, mais pas à l'extrême.
Placement : modérément espacés.
Couleur : de jaune à orange.

• Cou

Taille : fort, épais.
Longueur : court.

• Corps

Forme : massif avec de larges épaules et une poitrine profonde.
Longueur : moyen.
Ossature : forte.
Musculature : dense et puissante.

• Queue

Forme : épaisse à la base, allant en s'effilant, souple.
Longueur : moyenne.

• Pattes

Longueur : moyennes.
Ossature : forte.
Musculature : la partie supérieure de la patte est moyennement musclée chez les femelles, et peut être plus lourde pour les mâles adultes.

• Pieds

Forme : ronds ou largement ovales.
Taille : larges.

• Robe

Longueur : moyenne à courte.
Texture : dense. Légèrement laineuse et relevée, en raison du sous-poil bien fourni.

• Pénalités

Stop. Nez retroussé ou romain. Museau long et lourd. Yeux en amande ou trop rapprochés.

• Disqualifications

Les yeux verts ou cercles verts. Des médaillons blancs.

• Mariages autorisés

Chartreux x chartreux.

Échelle des points (standard LOOF)

Tête = 15 points
Forme = 4
Taille = 3
Profil = 3
Museau = 3
Nez = 2

Oreilles = 10 points
Forme = 3
Taille = 2
Placement = 5

Yeux = 10 points
Forme = 3
Taille = 2
Couleur = 5

Cou = 4 points
Longueur = 2
Taille = 2

Corps = 20 points
Forme = 5
Taille = 5
Ossature = 5
Musculature = 5

Queue = 4 points
Forme = 2
Taille = 2

Pattes = 6 points
Longueur = 2
Ossature = 2
Musculature = 2

Pieds = 2 points
Forme = 1
Taille = 1

Robe = 14 points
Longueur = 4
Texture = 10

Couleur = 15 points
Uniformité = 8
Brillance = 7

Catégories reconnues :
bleu uniquement.
Couleur des yeux :
de couleur or à cuivre orangé.

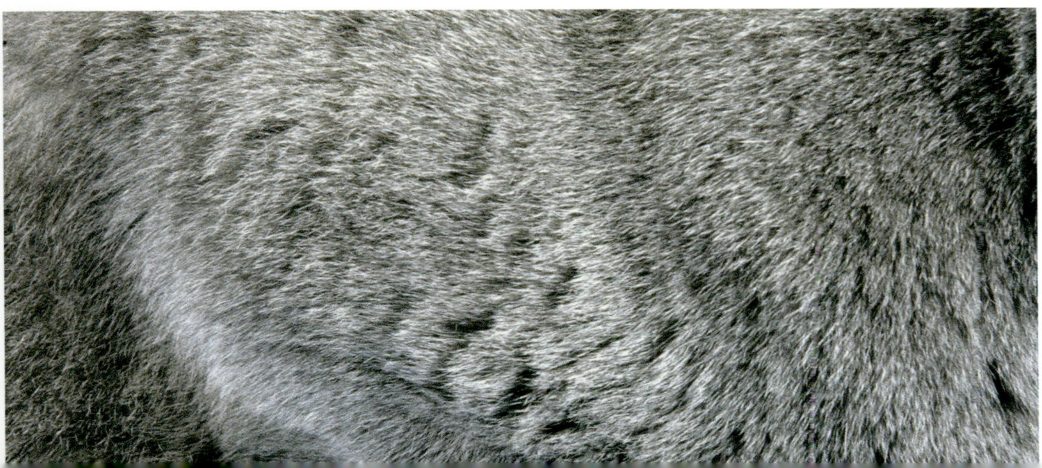

UN CHAT AU PHYSIQUE UNIQUE

Le chartreux, qui n'existe qu'en une seule et unique version, a des charmes multiples. Son physique de gros nounours en peluche rassure au point d'en faire le poil court préféré du grand public. Naturel et rustique, tout en étant raffiné, il séduit les amoureux des « vrais » chats.

Une beauté sans fard

On remarque d'abord sa tête sympathique et originale par sa forme trapézoïdale. Ses joues, si rondes que l'on dirait des bajoues, donnent l'impression que le chartreux porte un capuchon.

Son corps massif et solide, chaudement enveloppé dans un pelage épais, dru comme celui de la loutre, dense et chaud comme de la laine, donne l'image de la force tranquille.

Cette robe qui allie une texture unique à une teinte subtile d'un beau gris bleuté n'existe que dans cette seule et unique couleur ; ce qui constitue une rareté dans le monde félin. Ce manteau est aussi un véritable piège à caresses où les doigts s'enfoncent comme dans une épaisse moquette.

Ce chat a un air de majesté qui impressionne, une allure qui n'a rien à envier à celle des grands fauves de la brousse, surtout lorsqu'il se déplace avec une lenteur calculée en ondulant de l'arrière-train.

Prétendrait-il imiter le lion, notamment par un dimorphisme sexuel accusé ? Le mâle, qui pèse entre 6 et 7 kg, est beaucoup plus fort que la femelle. Celle-ci, bien que musclée, est plus fine que le mâle et ne pèse que 4 kg.

> SA MORPHOLOGIE

Le chartreux appartient à la catégorie des chats semi-cobby, à mi-chemin entre les cobby, courts, larges, massifs et ramassés, comme le persan, et les étrangers, longs et fins, comme le bleu russe.

Sa tête montre des bajoues importantes, dues à une musculature plus forte à cet endroit que chez les autres chats. Le chartreux a également des patons (partie de la lèvre supérieure où poussent les moustaches) bien rebondis.

> Une beauté qui vient avec l'âge

Le chartreux se fait lentement. Il n'atteint son plein épanouissement physique que vers l'âge de 3 ans.

Les chatons chartreux naissent tabby ou tigrés. Ces marques « fantômes » disparaissent définitivement vers l'âge de 1 an. Il arrive que des rayures subsistent sur la queue du chat adulte, mais cela est considéré comme un défaut.

Si, dès la naissance, on peut voir une bonne texture de poil, la fourrure ne devient vraiment belle qu'après deux ou trois mues d'hiver.

Le chartreux adore se prélasser au soleil, qui donne aussitôt à sa robe des reflets cendrés. Cependant, il ne doit pas en abuser, car s'il s'expose régulièrement et trop longtemps, le beau gris-bleu de son poil va virer au marron.

> Des yeux qui changent

Les chatons naissent avec les yeux bleus puis, vers l'âge de 1 mois, le tour de l'iris prend une teinte noisette qui atteint progressivement tout l'œil. La couleur définitive, de jaune doré à cuivre (le chartreux ne doit pas avoir les yeux orange comme le persan), se fixe normalement à partir de 1 an. En général, plus les yeux sont noisette chez le jeune, plus ils seront cuivrés à l'âge adulte.

Quand le chartreux vieillit, ses yeux ont tendance à pâlir, mais ce phénomène est plus ou moins accentué selon les individus.

Le poil du chat

La fourrure du chat se compose de trois variétés de poils : un sous-poil épais et duveteux, particulièrement dense chez le chartreux, un poil de garde, véritable rempart contre les intempéries, et un poil de jarre, plus long, qui forme la couverture et contient la coloration de la robe.

Le chartreux et la génétique

La génétique, cette partie de la biologie qui étudie l'hérédité, permet d'expliquer toutes les particularités qui font du chartreux une race.

Les individus chartreux ont tous un fond génétique commun et diffèrent des autres chats par certains caractères héréditaires visibles – la morphologie, la longueur, la texture et la couleur du poil – et d'autres invisibles.

Pour perpétuer la race chartreux, les éleveurs réservent les meilleurs sujets à la reproduction et pratiquent des croisements sélectifs. Ce chat dont la morphologie et la couleur sont bien fixées ne doit plus être croisé avec d'autres races.

> Les chromosomes

Chez le chat, chaque cellule comprend trente-huit chromosomes, soit dix-neuf paires identiques. Ils sont situés dans le noyau de la cellule, élément de base de tout être vivant.

Les cellules sexuelles n'ont que dix-neuf chromosomes : chez le mâle, le chromosome sexuel du spermatozoïde peut avoir la forme X ou Y ; dans l'ovule de la femelle se trouve un chromosome sexuel X.

L'œuf formé par l'union du spermatozoïde et de l'ovule possède deux fois dix-neuf chromosomes : l'union XX donne un chaton femelle, l'union XY un chaton mâle.

> Les gènes

Les caractéristiques d'un individu sont déterminées par des gènes, portés par les chromosomes contenus dans le noyau de ses cellules. Deux gènes situés au même endroit de deux chromosomes homologues, codant pour le même caractère, sont deux allèles. Si les deux allèles sont identiques, le sujet est homozygote pour ce caractère ; si les deux allèles sont différents, le sujet est hétérozygote pour ce caractère. En général, dans le cas où les deux allèles sont différents, un seul s'exprime : c'est l'allèle dominant ; celui qui reste caché, sans effet repérable, est l'allèle récessif. Les caractères quantitatifs (taille, intensité de la couleur) sont régis par des polygènes, nombreux gènes ayant chacun un très petit effet. Les robes félines sont déterminées par quelques gènes majeurs, avec pour chacun de deux à cinq allèles possibles.

> La couleur du chartreux

Le gène agouti (AA) est responsable de la présence de rayures sur la robe des chats et le gène non agouti (aa) donne les robes unies.

La coloration totale de la robe est représentée par la série allélique C.

C'est un pigment appelé mélanine qui est responsable de la couleur des poils et de la peau. Le type de mélanine (dit eumélanine) présent chez le chartreux appartient à la série allélique (B).

La paire d'allèles (dd), présente chez le chartreux, gouverne une pigmentation clairsemée. La lumière est moins bien absorbée et la couleur, plus claire que le noir, donne le gris bleuté de la robe.

La longueur et l'épaisseur de la fourrure jouent sur la tonalité de la couleur et la préférence va au gris-bleu clair.

Les cousins du chartreux

Trois chats à poil court peuvent être considérés comme des cousins du chartreux dans la mesure où ils partagent avec lui la particularité d'être bleus : le british blue, le bleu russe et le korat, à la fourrure bleu argenté.

Le british blue

Sélectionné en Angleterre à la fin du XIXe siècle, ce gros chat trapu et aux pattes plutôt courtes est habillé d'une fourrure dense et plus soyeuse que celle du chartreux.

Le british blue ayant failli disparaître au cours de la Seconde Guerre mondiale, les éleveurs, pour sauver la race, croisèrent les survivants avec des persans, d'où le côté arrondi de ce chat, dont la morphologie est très différente de celle du chartreux. Il possède en particulier une tête ronde comme une pomme, des yeux tout ronds et un nez plus court que celui du chat français.

La couleur gris-bleu de la robe unie du british n'est qu'une couleur parmi toutes celles que la race peut présenter, et la teinte de ses yeux varie naturellement avec celle de la robe.

Les éleveurs du Cat Club déconseillent fortement le mariage du british avec le chartreux, « pour laisser à chacun sa propre identité ».

Aujourd'hui, le british peut être croisé avec le scottish fold et le manx (pour améliorer ce dernier), mais surtout pas avec le chartreux.

Paisible, doux, très caressant, le british blue est aussi un chat très débrouillard, parfaitement équilibré et qui jouit d'une bonne santé.

À l'exemple des Britanniques, qui ignorent le chartreux, les Français snobent le british blue, lui préférant son cousin l'américain blue.

Le bleu russe

Ce chat bleu au regard vert a une morphologie très différente de celle du chartreux. Plutôt svelte et haut sur pattes, il se pare d'une robe très dense, comme du velours, doublée d'un bon duvet léger et dru, différent du gros sous-poil dense du chartreux. Le ton gris-bleu moyen de la robe doit être uniforme. La pointe du poil, légèrement plus claire, donne à la fourrure des reflets argentés, qui deviennent étincelants sous le soleil.

Le bleu russe serait arrivé en Grande-Bretagne à la fin du XIXe siècle, à bord d'un cargo parti du port d'Arkhangelsk dans le nord de la Russie, ce qui lui a valu le surnom d'archange bleu.

La race a été sélectionnée en Angleterre, à la fin du XIXe siècle, à partir d'un couple importé de Norvège. Ce chat a été croisé avec le british et, au début du siècle, les deux races étaient réunies en exposition dans la catégorie vague des bleus à poil court. Le bleu russe a été exposé pour la première fois en France en 1925 sous le nom de maltais.

Au début des années 1950, les éleveurs décidèrent de retrouver le type léger du bleu russe en le croisant, cette fois-ci, avec le siamois, mais cela entraîna de nombreux défauts. Ce chat perdit notamment le beau vert de ses yeux. À partir de 1967, la Russian Blue Association de Grande-Bretagne a pratiqué une sélection efficace qui a permis de retrouver la morphologie légère de la race. Depuis, le bleu russe ne doit être croisé avec aucune autre race.

Ce chat a une personnalité très marquée. Il est sensible, câlin et plutôt distant avec les étrangers.

Le korat

Alerte et élégant, le korat porte le nom d'une province de la Thaïlande d'où il serait originaire. Les premiers sujets ont été exposés en Grande-Bretagne à la fin du XIXe siècle, mais ce sont les Américains qui ont développé et reconnu la race.

Seul point commun du korat avec le chartreux : le beau bleu uni de la robe, qui est toutefois argenté chez le premier. Cette fourrure, près du corps, est aussi brillante et soyeuse.

Par sa morphologie, ce chat rappelle les premiers siamois. Sa tête en forme de cœur, unique chez les chats, et son beau regard vert lui donnent un charme particulier.

Le korat est un hypersensible qui a horreur du bruit. C'est un compagnon particulièrement discret et tendre, très attentif à son environnement. Il a tendance à dominer ses frères.

En Europe, ce chat n'est vraiment représenté qu'en Grande-Bretagne et en Allemagne. Le mariage du korat avec les autres races n'est pas autorisé.

Le caractère du chartreux

Ce compagnon ronronnant et tendre, à la fois amoureux du confort et sportif de haut vol, a gardé un zest de sauvagerie qui n'est pas le moindre de ses charmes et ne l'empêche pas d'avoir des rapports privilégiés avec l'homme.

L'instinct du chasseur

Quelle que soit sa race, le chat lâché dans la nature retrouve immédiatement son comportement ancestral de chasseur. Bien nourri, il va dédaigner les proies indigestes pour s'attaquer à des oisillons ou à des souris. C'est la chasse pour le sport en somme.

Ce prédateur solitaire, capable de chasser vers l'âge de 5 ou 6 mois, a des armes imparables : des yeux qui captent la moindre chose en mouvement et voient même dans la pénombre, ainsi qu'une oreille sensible et très mobile qui perçoit les ultrasons. Ses muscles puissants, sa grande souplesse et sa vitesse de déplacement en font un chasseur exceptionnel. Il suffit de le voir s'approcher d'une proie avec précaution, calculer la distance, bondir et la tuer, généralement au premier coup de croc, pour comprendre sa redoutable efficacité.

Le chat domestique chasse par plaisir, prend son temps pour attraper sa proie, joue avec elle et ne la mange pas. Il ne s'agit pas de cruauté, mais simplement d'un comportement dicté par le manque d'appétit.

Le territoire du chat

Ce prédateur vit sur un territoire où l'on a pu délimiter trois grandes zones plus ou moins étendues. La première, la plus petite, se situe au centre et constitue le nid. C'est l'endroit où il dort, où il se réfugie, celui où la femelle vient mettre bas. Nul autre que le maître des lieux n'a le droit de s'y aventurer, au risque d'un coup de griffe.

La deuxième zone est le lieu de vie du chat, qui peut être un appartement ou une maison et son jardin. Il la partage avec ses « amis », chats, chiens, humains, et la défend farouchement contre les étrangers.

Le chat qui a la possibilité de sortir de chez lui circule dans une troisième zone, qui est à la fois un territoire de chasse, de rencontres et de reproduction. Sur ce terrain partagé, le petit félin s'organise de façon à ne pas faire de rencontres désagréables avec les autres chats. Si cela se produit, l'affrontement se limite le plus souvent à des postures de menaces pour intimider l'adversaire.

Le marquage du territoire

Le marquage du territoire joue un rôle essentiel dans la vie sociale des chats, et ce comportement de félin sauvage n'a pas disparu chez notre animal familier, qui marque son territoire par des signaux olfactifs et visuels.

Lorsqu'il frotte certaines parties de son corps contre les arbres, les meubles ou le corps de son maître, le chat y dépose les odeurs particulières de ses glandes sébacées, surtout nombreuses sur son front, au-dessus des yeux et à la base de la queue. Il s'agit là de messages qui vont permettre à ses congénères de l'identifier et de savoir s'ils peuvent l'approcher ou pas.

Les quelques gouttes d'urine déposée par le chat à des endroits stratégiques constituent également un message précis à l'intention de ses frères. Ces signaux sont particulièrement importants durant la période de reproduction.

Quand le chat pétrit le divan ou un coussin avec application, signe d'excitation, il dépose également des marques odorantes.

Les signaux visuels que le chat laisse en griffant les troncs d'arbres du jardin, les pieds des meubles ou le bas des portes s'adressent également à ses congénères, ainsi avertis des lieux qu'il fréquente.

Tous ces marquages lui permettent d'organiser ses déplacements sans risque de conflits avec les autres, de connaître les heures de passage, les habitudes de chacun, bref, de vivre sur un même territoire en évitant les affrontements. Les félins sont en effet des animaux sociables qui préfèrent, tant que faire se peut, cohabiter pacifiquement.

La défense du territoire

La mère qui protège ses petits défend son nid avec tous les courages. En dehors de ce cas particulier, la défense du territoire est plus importante pour les mâles entiers que pour les chats castrés.

Elle ne se traduit pas forcément par des combats, les deux protagonistes se contentant en effet le plus souvent de la simple menace. Le dominant l'exprime par des vocalises et diverses postures destinées à intimider l'autre, lequel couche les oreilles, s'aplatit, avant de se retirer prudemment un peu plus loin. Si le combat a lieu, le plus faible se retrouve sur le dos entre les griffes et les dents de l'autre. Au lieu de poursuivre cette lutte inégale, il juge en général plus prudent de se sauver à la première occasion.

Ces luttes instaurent une sorte de hiérarchie entre chats, assez complexe et souvent remise en question, où les plus faibles respectent prudemment les prérogatives des plus forts. C'est un phénomène que l'on peut observer chez les chats qui se partagent un appartement, mais les luttes sont rares entre eux. Le plus souvent, le fait de cracher ou un simple coup de patte suffisent à remettre les choses en place.

La défense du territoire peut aussi conduire le chat de la maison à se montrer agressif envers des « intrus » venus partager : autres chats, chiens ou personnes étrangères. La période d'accoutumance peut être mouvementée, mais elle ne dure qu'un temps et sera plus courte si les nouveaux venus savent se faire respecter. Le chat, qui n'est pas de nature belliqueuse, finit en général par se contenter de menaces et le calme revient.

L'instinct sexuel

Le chat mâle est toujours prêt à s'accoupler et la femelle sait jouer les séductrices. Leur activité sexuelle suit le fil des saisons. Elle est la plus intense au début et à la fin du printemps, se poursuit en été et en automne et se calme en hiver, période du repos sexuel de la femelle.

L'environnement a une influence sur les amours félines. Les chattes qui vivent en appartement ont ainsi des chaleurs moins fréquentes que dans la nature.

Les femelles en chaleur émettent des substances chimiques, les phéromones, que l'odorat subtil du mâle perçoit de loin. En même temps, elles miaulent sans cesse, sur un ton particulier, et se roulent sur le dos.

Lorsque plusieurs mâles sont en présence d'une chatte amoureuse ils se menacent, quelques-uns prennent la fuite et les plus forts se battent. Ils tentent parfois de se castrer mutuellement d'un coup de dents qui est souvent à l'origine de la formation d'un abcès sous la queue. Débarrassé de ses rivaux, le vainqueur peut alors faire sa cour.

Le comportement ludique

Dès l'âge de 3 semaines, les chatons jouent, se poursuivent et simulent des combats, avec morsures, coups de patte, prise de la nuque et coups de griffes. La mère surveille et toutes ces attaques se font en douceur, griffes rentrées et crocs relâchés. Les chatons miment aussi la chasse et bondissent sur des objets qui tiennent lieu de proie. En constituant l'apprentissage de la vie de prédateur, ces jeux permettent aussi au chaton de bien s'identifier à son espèce.

Vers 4 à 5 semaines, le bébé chat joue avec des bobines, des balles qu'il poursuit et frappe avec sa patte. Ces jeux sont indispensables pour son équilibre et créent des liens affectifs avec le maître qui y participe.

Le langage du chat

Ce petit félin dispose de toute une gamme de miaulements, de sons, de mimiques, de postures et de signaux olfactifs pour se faire comprendre de ses congénères. Il a également mis au point un système de communication élaboré avec l'homme. Le maître qui connaît son chat sait distinguer le miaulement d'appel simple ou insistant de celui qui exprime la peur ou l'inconfort, etc. Feulements et crachements indiquent que le chat est furieux. Au cours de bagarres avec ses frères, il grogne, crie et gémit.

Quand il émet, la bouche fermée, une sorte de murmure de faible intensité, notre petit

compagnon exprime son bien-être, par exemple, lors de sa toilette.

Lorsque le chat demande ou attend quelque chose comme son repas, il émet des sons bien nets en ouvrant et en fermant rapidement la bouche.

Il peut également pousser des cris particuliers quand il est en rut, en colère, ou soumis à une forte tension.

Le chat s'exprime aussi par ses attitudes corporelles : en confiance, il tient ses oreilles droites et, si un bruit l'intéresse, il les pointe dans cette direction. S'il plaque ses oreilles sur les côtés de la tête, il nous dit qu'il est anxieux. S'il a l'intention d'attaquer, il les couche en arrière.

Le regard du chat en dit également long sur ses états d'âme. Lorsqu'il ouvre grand ses yeux et prend un air légèrement interrogateur, tout va bien. Totalement en confiance, il les ferme à moitié. S'il est mécontent ou s'il a fait une bêtise, son regard est fuyant.

La queue du chat est éloquente. Le fait de la porter à la verticale ou légèrement recourbée au bout lorsqu'il s'approche est une attitude amicale. Une queue hérissée et dressée indique l'imminence d'une attaque. Le chat exprime aussi ses émotions en agitant plus ou moins la queue, mais il n'est pas toujours évident de déterminer s'il signale ainsi sa satisfaction (lorsqu'on le caresse par exemple) ou s'il veut dire qu'il en a assez. Une agitation nerveuse de l'extrémité de la queue, en revanche, indique nettement la contrariété ou l'anxiété.

Le chat qui, face à un congénère ou à un autre animal, fait le gros dos, hérisse ses poils,

Le ronronnement

Ce bruit particulier est émis par le chaton qui vient de naître. Il ronronne pendant qu'il tète ou lorsque sa mère le lèche, ce qui semble relier ce bruit à un état de bien-être. Plus tard, le chat ronronne quand on le caresse, lorsque son maître rentre ou au moment de recevoir sa pâtée. Sans doute exprime-t-il ainsi la dépendance qui le lie à l'homme, substitut de la mère.

Curieusement, le chat ronronne aussi très souvent lorsqu'il est sur la table du vétérinaire, s'il souffre et même s'il est sur le point de mourir. Peut-être cherche-t-il ainsi à se sécuriser ?

couche ses oreilles, marche, feule, crache, crie et montre plus ou moins les crocs, cherche manifestement à intimider l'adversaire. S'il se couche sur le dos, toutes griffes dehors, l'attaque est imminente.

L'intelligence du chat

Le chat possède une certaine forme d'intelligence qui lui permet de se souvenir d'une expérience et de reproduire les mêmes conditions pour arriver à ses fins. C'est ainsi qu'il apprend à ouvrir la porte du réfrigérateur ou d'un placard pour attraper de la nourriture, ou encore à décapsuler une bouteille de lait. Il sait aussi profiter de la moindre ouverture pour filer dehors et comprend vite l'usage de la chatière.

Certains chats sont plus malins que d'autres. S'ils se brûlent une fois sur la plaque de la cuisinière, ils n'y remettront pas la patte. Ceux qui sont très proches de leur maître réagissent à ses paroles, se montrent sensibles aux compliments et obéissent à certains ordres.

On ne peut cependant pas parler de dressage. Le chat n'obéit qu'en certaines circons-

Le sommeil du chat

Dormir est l'une de ses principales occupations. Cet animal qui dépense beaucoup d'énergie et d'influx nerveux lorsqu'il est réveillé a besoin, pour compenser, de faire de nombreux petits sommes et choisit pour cela des endroits confortables. Le chat rêve et cet état se traduit par des tressaillements et une respiration plus rapide. On a pu enregistrer à ce moment-là la mise en œuvre de structures nerveuses identiques à celles qui entrent en jeu quand il chasse, joue ou fait sa toilette.

tances et le plus souvent parce qu'il en tire un avantage. Les chats « dressés » du cinéma ou de la télévision sont conditionnés à avoir tel ou tel comportement : s'ils se lèchent les babines c'est parce qu'on les a enduites d'huile de poisson et le truquage est largement utilisé pour donner l'illusion du dressage…

Les problèmes de comportement

> Le chat malpropre

Cet animal dont la propreté est légendaire oublie souvent de se servir de son bac à sable pour aller faire pipi sur le pied d'un meuble, dans les pots de fleurs ou sur le tapis. Il s'agit d'un comportement naturel chez le mâle entier, qui marque ainsi son territoire d'odeurs souvent fort désagréables. La castration ne met pas toujours fin à ce comportement, mais atténue l'odeur des sécrétions.

D'autres raisons peuvent pousser le chat à bouder sa litière : si l'emplacement ne lui convient pas, quand le produit absorbant choisi a une odeur qui lui déplaît, ou encore quand quelqu'un ou quelque chose le perturbe. À ce moment-là, il lui arrive même de déposer ses excréments dans la baignoire ou le lavabo… Lorsqu'un chat devient malpropre sans raison apparente, il faut le montrer à un vétérinaire qui vérifiera son état de santé.

> Le chat griffeur

Le chat griffe naturellement quand il chasse et pour marquer son territoire. Le meilleur moyen d'éviter qu'il ne griffe les jambes ou les bras des humains est d'intervenir quand il est très jeune en lui donnant une tape dès qu'il sort ses griffes en jouant.

On évitera également que le chat n'abîme les rideaux, les meubles ou le papier peint en lui interdisant fermement cet exercice quand il est encore jeune et en lui offrant un griffoir où il prendra l'habitude d'aiguiser ses armes naturelles.

> Le chat agressif

Certains chats griffent et mordent les mollets qui passent à leur portée ou les mains de la personne qui joue avec eux. Quelques-uns même n'hésitent pas à lancer un coup de griffe à la personne qui tente de les caresser. Ce comportement naturel mais dérangeant peut être atténué par des calmants. Dans certains cas, il faudra y associer une thérapie comportementale menée avec l'aide d'un vétérinaire.

> Le chat asocial

Dire que le chat a ses têtes est un euphémisme. Cependant, la plupart acceptent avec condescendance la présence d'humains étrangers et d'autres animaux. Certains ne se laissent approcher que par les femmes, d'autres uniquement par les hommes. Les chatons qui n'ont pas été mis au bon moment en contact avec l'homme et avec d'autres animaux risquent plus tard d'avoir un comportement asocial. La vie entre quatre murs renforce cette attitude.

Le chat refuse plus rarement le contact de ses congénères. Si cela se produit, il peut s'agir d'une mauvaise socialisation, s'il a été retiré trop tôt de la portée, ou de peur, s'il est confronté à des individus agressifs. L'administration d'anxiolytiques peut l'aider à s'intégrer au groupe.

> Le chat agité

Certains chats ont gardé leurs mœurs de félins sauvages à l'activité essentiellement nocturne et dorment le jour, ce qui n'est pas vraiment pratique pour le maître. S'il n'est pas possible de laisser sortir l'agité, on ne pourra que subir ou le cantonner dans l'endroit le plus éloigné de la maison ou de l'appartement.

Les chats qui montrent une hyperactivité incessante sont le plus souvent inadaptés à la vie de sédentaire qu'on leur fait mener et manifestent ainsi leur besoin d'espace et de liberté. Faute de pouvoir les leur offrir, il ne reste plus qu'à leur administrer des calmants.

> Le chat anxieux

C'est celui qui reste sur le qui-vive, ne supporte ni les contacts ni les caresses et peut se montrer agressif. Il se lèche parfois toute la journée, allant jusqu'à provoquer des lésions cutanées. Certains chats anxieux en arrivent à se mutiler la queue. Une thérapie est alors nécessaire.

Cet animal ultrasensible et casanier peut aussi devenir anxieux à l'occasion d'un déménagement ou de l'arrivée d'un autre animal, chat ou chien par exemple, dans la maison. Une réprimande du maître peut également déclencher un état d'anxiété qui disparaîtra en général de lui-même. Le chat peut aussi devenir anxieux lorsqu'il est malade ou qu'il prend de l'âge.

> Le chat qui vole

Rien de plus difficile à guérir que le chat qui chaparde tout ce qu'il peut. Ce malin, d'ailleurs, fait presque toujours ses coups quand il est sûr que personne ne le voit. Même pris sur le fait et puni, il hésite rarement à recommencer. La seule solution est donc de ne jamais rien laisser de tentant à sa portée.

Chat d'appartement ou de campagne ?

Facile et plutôt calme, le chartreux n'est pas un excessif, même les chatons savent limiter leurs ébats. C'est un compagnon idéal pour la famille car il accepte tout le monde, y compris les bébés et les chiens. Le chartreux s'adapte mieux que beaucoup d'autres races à toutes sortes de situations ; on peut donc dire que c'est à la fois un chat d'appartement et de campagne, en soulignant toutefois que s'il vit en liberté, sa fourrure n'en sera que plus belle.

Ce chat, facile à transporter, supporte bien la voiture et accepte le harnais ou la laisse pour

Certaines personnes prétendent que ce chat se conduit comme un chien obéissant et qu'il ne griffe jamais. Ce n'est pas tout à fait vrai. Certes, il est calme et gentil, mais c'est quand même un vrai chat, plus indépendant que pot de colle.

Le bon gros chartreux a quand même quelques défauts. C'est une tête dure qui, quand il a décidé quelque chose, n'a de cesse que de parvenir à ses fins. Il est aussi imprévisible en exposition. Le plus doux des compagnons, vraisemblablement incommodé par les manipulations entre des mains inconnues, peut sortir ses griffes et se montrer insupportable.

Plutôt vorace, le chartreux quémande souvent à manger entre les repas. Il a aussi tendance à fuguer mais, s'il est bien conditionné, il finit par rentrer tout seul, sans doute poussé par la faim.

être promené à la campagne. Il peut sortir sans risque par tous les temps, grâce à sa fourrure complètement hydrofuge, et possède de remarquables qualités de chasseur. Le chartreux est capable d'attraper un lapin de garenne et n'hésite pas à s'attaquer à des rats énormes.

Ce chat que l'on dit facile à vivre n'est quand même pas à mettre entre toutes les mains. Il a besoin pour s'épanouir de vivre avec un homme ou une femme à chat. Que l'on ne s'y trompe pas, ce gros matou cache sous son air bonhomme une hypersensibilité et, s'il se sent incompris, il est capable d'angoisse et de stress.

Bien vivre avec son chartreux

ACHETER UN CHATON

Entre le chaton acheté un peu par hasard pour faire plaisir aux enfants et le sujet hors de prix acheté après deux ans de correspondance adressée à deux douzaines d'éleveurs, il existe mille façons d'acquérir un chartreux.

À qui s'adresser ?

Pour trouver un chaton de race, vous avez plusieurs possibilités : vous adresser à une association féline ou au club de la race, demander à un vétérinaire s'il connaît une portée disponible, lire les petites annonces d'*Atout Chat* ou encore vous rendre dans une exposition féline où les éleveurs peuvent avoir des portées disponibles ou à venir.

Quelle que soit la piste suivie, vous devez vous rendre chez l'éleveur, cela vous permettra de voir la portée tout entière, la mère des chatons et souvent même le père. Vous pourrez ainsi vous faire une idée de ce que donnera le bébé en grandissant.

Si le chaton a été élevé en famille, câliné, s'il a été habitué aux enfants et aux chiens, il sera bien socialisé, donc facile à vivre.

L'éleveur pourra vous proposer un chaton de qualité qui pourra concourir dans les expositions et que vous ferez éventuellement reproduire, ou un sujet moins parfait pour une somme plus modique. Attendez que le bébé chat ait 8 semaines pour le séparer de sa mère et de la portée.

Mâle ou femelle ?

C'est une question d'affinités. On dit que les femelles sont plus douces que les mâles, mais il y a des exceptions. Vous pouvez aussi être séduit par les bonnes grosses joues du mâle chartreux, mais sachez que la vie en appartement avec un mâle entier qui arrose l'environnement de jets d'urine à l'odeur difficilement supportable n'est pas très agréable. Le mâle qui a la possibilité de sortir risque aussi, au moment des amours, de revenir en triste état. Les manifestations bruyantes de la femelle en chaleur sont heureusement moins intenses chez les chattes chartreux que chez les siamoises par exemple.

Il n'est pas toujours évident de reconnaître un chaton mâle d'un chaton femelle. Il faut poser l'animal sur une table, lui lever la queue et écarter la fourrure pour pouvoir déterminer

Quel chaton préférer ?

Un chaton qui se montre confiant accepte d'être pris dans la main, se frotte contre vous, a un tempérament sociable, alors que celui qui crache et sort ses griffes dès que vous l'approchez risque de devenir un adulte agressif. Celui qui se montre craintif sera sans doute difficile à apprivoiser. Évitez aussi le chaton abattu qui ne joue pas avec les autres : il a certainement un problème de santé.

son sexe. Chez la femelle, l'anus et l'orifice génital sont très proches et on peut distinguer la petite fente de la vulve. Chez le mâle, l'anus et l'orifice du pénis sont séparés d'environ 1 cm. On remarque aussi une zone sombre à l'endroit où se trouveront les testicules.

La législation

La loi du 6 janvier 1999, n° 99-5, sur l'animal de compagnie précise les obligations de l'éleveur, ainsi que du vendeur ou du donateur en cas de cession d'un chat. Celui-ci doit être identifié préalablement à toute cession, à titre gratuit ou onéreux ; les procédés d'identification agréés sont le tatouage et le transpondeur (puce électronique).

> Les obligations du vendeur ou du donateur

Seuls les chats âgés de plus de 8 semaines peuvent faire l'objet d'une cession à titre onéreux.

Lors de la vente, le vendeur doit fournir :

– une attestation de cession (la facture peut en tenir lieu pour les transactions réalisées entre professionnels) ;

– la carte d'attestation d'identification (cette dernière doit être effectuée avant la cession, à la charge du vendeur) ;

– la carte d'attestation d'inscription au livre généalogique, si tel est le cas ;

– un document d'information sur les caractéristiques et les besoins de l'animal et contenant également, au besoin, des conseils en éducation ;

– s'il s'agit d'une vente par un particulier : un certificat de bonne santé délivré par un vétérinaire.

> L'attestation de vente

L'article 276-2 du code rural et le décret n° 75-282 du 21 avril 1975 spécifiaient que, lors de la vente d'un animal, un certificat de vente devait être remis au propriétaire et indiquer au minimum : les noms et adresses du vendeur et de l'acheteur, l'espèce, la race et l'âge de l'animal, son prix de vente et les noms des vétérinaires choisis par les deux parties.

La loi n° 89-412 du 22 juin 1989, qui modifie l'article ci-dessus, impose l'identification des chiens et des chats cédés ou vendus, mais ne reprend pas l'obligation de délivrance d'une attestation de vente. En revanche, le décret n° 90-572 du 28 juin 1990, relatif aux délais de garantie et de rédhibition, impose la remise à l'acheteur d'une facture ou d'un avis de livraison comportant la date de celle-ci, qui sera prise en considération pour les délais de résiliation de vente en cas de vice rédhibitoire.

Nous recommandons donc la délivrance d'une attestation, signée du vendeur et de l'acheteur, comprenant l'identité des deux parties, le nom du chat, son numéro de tatouage, ses caractéristiques (âge, sexe, robe), son inscription ou non à un livre d'origines, le prix, la date de la vente et celle de la livraison. Selon le désir de chacun, il est possible d'ajouter certains détails, tels que précisions sur un défaut du chaton ou son utilisation future.

> La carte d'identification

Ce document qui confirme l'identification du chaton relève de deux procédés au choix : le tatouage par dermographe ou le tatouage électronique, effectué au moyen d'un transpondeur.

En effet, depuis l'arrêté ministériel du 12 juillet 2001, on a le choix entre l'une ou l'autre méthode. L'identification par tatouage, obligatoire depuis le 1er janvier 1992, a pour but de protéger le chaton, non seulement en cas de perte (ainsi on peut retrouver le maître, et les délais de fourrière sont deux fois plus longs), mais aussi contre les vols et les expériences de laboratoire.

• Le tatouage

Il est attesté par un formulaire en carton prédécoupé édité par le Centre d'enregistrement et révision des formulaires administratifs (Cerfa), sous le numéro 50-4448. Il est constitué de trois volets : l'un, de couleur verte, est rempli par le vétérinaire ; le deuxième, de couleur blanche, est conservé en archive par le vétérinaire ; le troisième, blanc et vert, comprend une partie A et B (en vert) et au verso une carte T destinée au Fichier national félin (FNF), que l'on envoie sans affranchir. Ce document confirme l'identification du chaton. Il comprend ses prénom, sexe, race, âge, couleur, ainsi que les coordonnées du propriétaire.

• La puce électronique

La pratique de la puce électronique, proposée depuis le 12 octobre 2001, offre certains avantages. Cette méthode ne nécessite aucune anesthésie, n'est pas douloureuse et ne laisse pas de trace apparente et inesthétique sur le corps du chat (aucune inscription à l'encre dans l'oreille ou sur la cuisse). La pose d'une puce électronique n'en demeure pas moins un acte purement vétérinaire. Il y a effraction cutanée du fait que le vétérinaire introduit le transpondeur sous la peau grâce à un petit injecteur ou à un pistolet. Autre avantage de l'identification électronique : le code, détecté par un lecteur, est infalsifiable.

Après l'injection du transpondeur, le praticien remet un certificat de pré-identification qui atteste l'identification du chat. Un volet de ce document sera adressé par le vétérinaire sous huit jours au Syndicat national des vétérinaires d'exercice libéral (SNVEL), qui gère le Fichier national félin. Cet organisme fait parvenir au maître la carte d'identification définitive. Elle comprend les coordonnées du maître, le nom et l'adresse du vétérinaire qui a implanté le transpondeur et les caractéristiques du chat (description, race, âge, sexe). Un volet détachable permet de signaler un éventuel changement d'adresse. Sur le plan administratif, la démarche est allégée par rapport au tatouage au dermographe.

Le code de la puce électronique

Il s'agit d'un code unique qui se décompose comme suit :

– 3 chiffres représentant le pays (250 pour la France) ;

– 2 chiffres représentant l'espèce animale (26 pour les chats) ;

– 2 chiffres identifiant le fabricant ;

– 8 chiffres correspondant au numéro unique alloué au chat.

> La garantie légale des vices rédhibitoires

La loi n° 89-412 du 22 juin 1989 définit les vices rédhibitoires dans l'espèce féline. Ce sont les suivants :

– la leucopénie infectieuse ;

– la péritonite infectieuse féline ;

– l'infection par le virus leucémogène félin ;

– l'infection par le virus de l'immunodépression.

Le décret n° 90-572 du 28 juin 1990 stipule que l'acheteur d'un chat supposé atteint d'une de ces affections peut introduire une action

dans les 30 jours à compter de la date de la livraison. Dans le cas des maladies transmissibles, l'action en garantie ne peut être exercée que si un diagnostic de suspicion a été établi par un vétérinaire dans les délais suivants : 5 jours pour la leucopénie infectieuse féline, 21 jours pour la péritonite infectieuse féline, 15 jours pour l'infection par le virus leucémogène félin.

En cas de litige, après requête auprès du greffe du tribunal d'instance du lieu où se trouve l'animal, le cas est examiné par un docteur vétérinaire expert, inscrit auprès d'une cour d'appel. Le plus souvent, l'expertise est suivie d'un accord amiable. Dans le cas contraire, le demandeur peut introduire une assignation auprès du tribunal d'instance, qui délivrera un jugement.

Si le chat est reconnu atteint d'un vice rédhibitoire, la vente est résolue. L'acheteur n'a pas besoin de démontrer l'antériorité du vice par rapport à la vente.

> Le pedigree

« Pourquoi un pedigree ? » se demandent de nombreux acheteurs potentiels. Ce document, qui renseigne sur la généalogie du chaton, est une preuve de race pure ; il donne des indications sur la famille du chaton (couleurs, titres) et le situe au sein de la race.

Comment obtenir un pedigree ?

Depuis le 1er janvier 2001, le LOOF est le seul organisme habilité à établir les pedigrees des chats de race. Pour obtenir les formulaires de déclarations de saillie et de naissance (à renvoyer trente jours après la naissance des chatons) et les formulaires de demande de pedigree (à renvoyer dans les six mois qui suivent la naissance des chatons), l'éleveur s'adresse donc directement au LOOF.

Il arrive que l'éleveur ne détienne pas le pedigree au moment de la vente. Néanmoins, il a fait la demande d'inscription au Livre officiel des origines félines. Tout chat de race est enregistré au LOOF. Le pedigree, établi d'après la déclaration de saillie, est délivré aux éleveurs. Il comprend l'ascendance sur trois à cinq générations, le nom du chat, sa date de naissance, son sexe, sa race, la couleur de sa robe et de ses yeux, la date de son inscription, son numéro d'enregistrement au LOOF et son numéro de tatouage.

> Le certificat de transfert

Chaque pedigree est accompagné d'un certificat de transfert destiné à être signé par le vendeur et l'acheteur afin d'officialiser le transfert de propriété du chaton. Cette formalité dépend des associations félines seulement, alors que le changement de carte de tatouage est enregistré officiellement par le Fichier national félin.

> Le carnet de vaccination

Ce quatrième document n'est pas obligatoire, mais vivement recommandé. Il est devenu un lieu commun des élevages sérieux. En principe, le chaton doit subir une primo-vaccination dès l'âge de 9 semaines (panleucopénie, viroses respiratoires, chlamydiose). Certains éleveurs préfèrent que le chaton soit également protégé par les vaccins effectués à 3 mois (panleucopénie, viroses respiratoires et leucose). Cela rassure le maître quant à l'état de santé du chaton.

Après la vente des chatons, on peut procéder à une annulation de vente dans un délai de 30 jours. Il est en effet interdit de vendre un chat en mauvaise santé, ou pis, atteint de maladies incurables ou « réputées contagieuses ». Celles-ci entrent dans la catégorie des vices rédhibitoires.

Assurer son chartreux

Il est prudent de faire assurer son chat. Proposée par plusieurs compagnies d'assurances, cette option rembourse les frais de certaines maladies, les accidents, les interventions chirurgicales, les radiographies et les frais de clinique. Le chat peut être assuré à partir de 3 mois et avant l'âge de 9 ans, à condition d'avoir été vacciné contre les grandes maladies virales.

Les cotisations annuelles dépendent de l'étendue des risques couverts et des compagnies. Il faut donc vous documenter avant de faire votre choix.

Certains propriétaires souscrivent une assurance-vie en faveur de leur chat. S'ils disparaissent avant lui, le bénéficiaire désigné, en général un parent ou un ami, reçoit une somme d'argent en contrepartie de laquelle il s'engage à prendre soin du chat jusqu'à la fin de ses jours.

Le chat et la loi

Si votre chartreux vit en appartement, il risque peu de commettre des « délits ». En liberté, il peut faire des dégâts : griffer un inconnu ou faire tomber un cycliste par exemple. Vous êtes alors couvert par votre assurance multirisque familiale. Si le chat cause un préjudice alors qu'il est en pension, c'est l'assurance de l'établissement qui intervient.

Ne laissez pas divaguer votre chat. Le code rural autorise les personnes assermentées à abattre les chats errants à plus de 200 m des habitations. Il court aussi le risque d'être pris pour cible par des chasseurs.

S'il est ramassé par la fourrière, un chat tatoué, donc identifiable, est remis à son propriétaire. S'il n'a pas d'identité, la société de protection qui l'aura recueilli peut le garder 50 jours (loi Nallet) de quarantaine sanitaire et le proposer à l'adoption. Dans les départe-

ments contaminés par la rage, les chats sans identité ramassés par la fourrière sont euthanasiés.

Depuis la loi Thome-Patenôtre de 1970, aucun propriétaire ne peut vous interdire de vivre avec un ou plusieurs chats, à condition que ceux-ci ne troublent pas le voisinage pour cause de bruits ou de mauvaises odeurs, auquel cas les voisins peuvent porter plainte au commissariat et faire établir un constat d'huissier. Les propriétaires ont alors intérêt à faire appel aux services d'un avocat d'une société de protection animale pour se défendre.

Accueillir un chaton

Séparé de sa mère et de ses frères, transporté dans un monde inconnu, le chaton aura grandement besoin d'être sécurisé pour supporter ce changement brutal d'existence. Dès son arrivée dans la maison, il devra avoir ses coins repères : pour dormir, se nourrir et faire ses besoins.

Les premiers jours de la vie

> Une mère attentive

Les chattes ont un instinct maternel développé qui favorise grandement le développement des chatons. Le chaton qui naît sourd, aveugle et incapable de se déplacer dépend totalement de sa mère. Pendant les trois premières semaines, celle-ci lèche ses petits pour stimuler la respiration et les fonctions d'élimination. Elle mange leurs excréments ou les dépose hors du

nid. Le léchage sert aussi à sécuriser les chatons et à renforcer les liens de la portée.

Au début de son existence, le bébé chat passe 90 % de son temps à dormir, ne s'interrompant que pour téter. Au bout de huit à dix jours, il ouvre les yeux et les oreilles et son poids double au cours de la première semaine. Le chaton est alors capable de s'orienter grâce à sa vue et à son odorat qui se développent.

> La découverte de l'environnement

Dès la troisième semaine, le chaton rampe, commence à se nettoyer avec sa patte et coordonne de mieux en mieux ses mouvements. Il se met à suivre sa mère et, prenant exemple sur elle, à se rendre dans le bac pour faire ses besoins. À 1 mois, le chaton simule des combats avec ses frères. À 2 mois, il se livre à des jeux qui miment l'affût, la poursuite et la mise à mort de la proie.

La chatte encourage ses petits à jouer leur futur rôle de prédateur. Patiente, elle supporte leurs agaceries et leurs mordillements. Toujours sur ses gardes, elle veille jalousement sur eux. Entre 3 et 4 semaines, les chatons passent encore plus de la moitié de leur temps à dormir et il faut les laisser tranquilles.

> Le début de l'indépendance

À partir de la quatrième semaine, ils deviennent de plus en plus indépendants et joueurs. C'est le bon moment pour se familiariser avec eux, pour les cajoler.

On ne doit pas séparer trop tôt les chatons de la portée, il faut les laisser en famille au moins six semaines et de préférence huit semaines, le temps qu'ils se socialisent et profitent des leçons de leur mère.

Le chaton chez vous

> Son coin

Le bébé chat a avant tout besoin de calme et de sommeil. Le coin que vous lui réserverez sera donc un véritable refuge auquel il doit pouvoir accéder facilement.

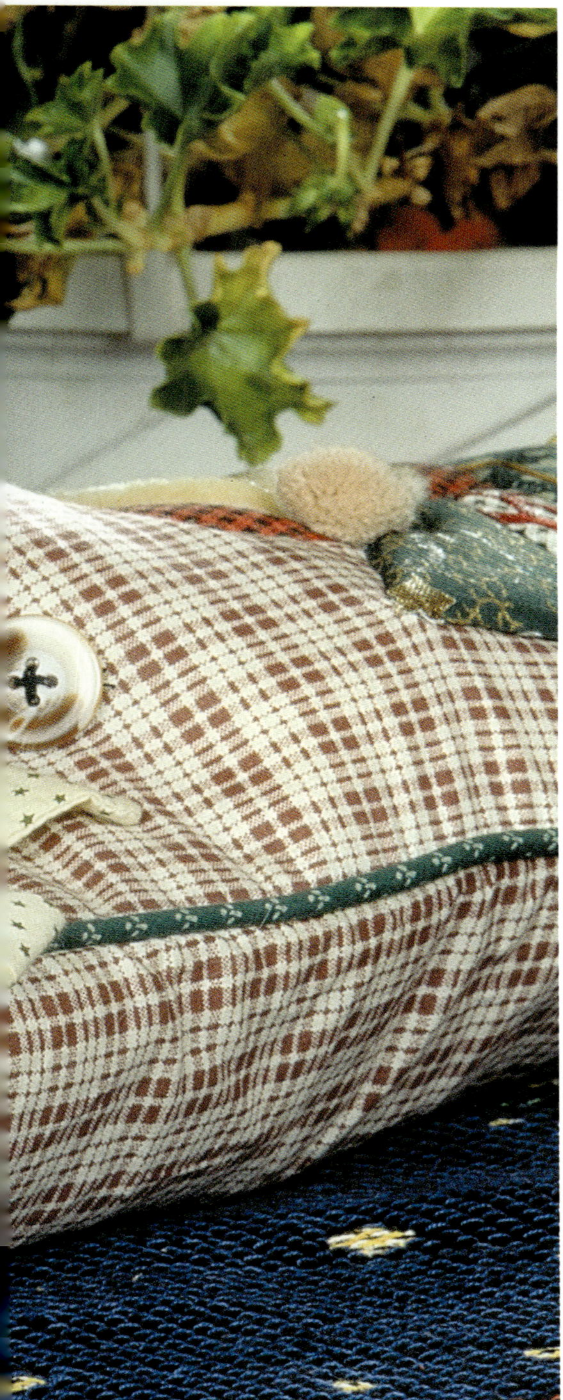

Le chaton «intrus»

Si vous avez d'autres animaux, chat ou chien, présentez-leur le nouveau venu et prodiguez-leur en même temps force caresses. Soyez vigilant au début, car le chaton risque de faire quand même des jaloux. Vous devez réprimer fermement toute tentative d'agression des anciens.

Si le chat déjà en place est de nature sociable, cela se passe en général très bien et le plus souvent, il adopte le nouveau venu. Les femelles, en particulier, se montrent souvent très accueillantes.

De nature plutôt pacifique et sociable, les chartreux, à quelques exceptions près, acceptent bien les animaux de la maison.

Prenez une petite corbeille en osier, garnissez-la d'un coussin, de préférence recouvert d'un linge imprégné de l'odeur de la mère et d'une bouillotte tiède. Le chaton se sentira ainsi plus en sécurité. Placez-le à l'abri des courants d'air, ni sous la fenêtre, ni trop près d'une source de chaleur.

> Ses jouets

Le chaton joue avec tout ce qu'il trouve, une bobine, une pelote de laine, une petite balle, une caisse en carton où il entre et sort. Vous trouverez dans le commerce une impressionnante panoplie de jouets qui l'amuseront et que vous aurez surtout plaisir à acheter.

Offrez-lui par la suite un « arbre » d'appartement, en vente dans les magasins spécialisés, qui lui servira de support pour escalader, sauter, se percher et faire ses griffes sur le tronc.

Une bûche avec son écorce, plantée verticalement, peut servir avantageusement de griffoir. On trouve aussi des griffoirs efficaces dans le commerce.

> Sa sécurité

Vous devez surveiller sans arrêt le jeune animal, veiller à ce qu'il n'avale rien de dangereux, à ce qu'il ne tombe pas par la fenêtre ou file par une porte ouverte.

> Quelques conseils pour les débuts

Le chaton qui arrive chez vous est plus ou moins désorienté. Il va vous suivre partout et vous devrez faire bien attention pour ne pas le cogner ou lui marcher dessus.

La curiosité aidant, le chaton se met à explorer les alentours de son panier avant de s'aventurer plus loin. Profitez-en pour lui parler doucement, encouragez-le mais évitez de trop le laisser manipuler par les enfants.

Vous pouvez lui faire passer sa première nuit dans son panier, mais aussi le laisser dormir dans votre lit, en sachant qu'il va en prendre l'habitude.

Il ne faut pas déranger un chaton qui dort. Au réveil, caressez-le pour le sécuriser, il vous prendra d'autant plus vite pour sa nouvelle mère.

Le chaton va aller de plus en plus loin dans ses explorations et vous devrez le surveiller de près pour éviter tout risque d'accident.

Nourrissez-le les premiers temps avec les aliments auxquels il aura été habitué chez son éleveur, un changement brusque de régime risquant de provoquer des troubles digestifs. Vous pourrez ensuite, par étapes, lui donner de nouveaux aliments.

Le confort du chartreux

Le chat a le sens du confort et prend vite des habitudes. Un adulte n'adoptera pas forcément le panier que vous lui destinez et pourra lui préférer un fauteuil, votre lit ou le radiateur. Le plus important est qu'il ne soit pas stressé en permanence par des cris d'enfants, des disputes, ou pourchassé par le chien de la maison.

Les accessoires

> Sa chatière

Bien que casanier, le chat aime pouvoir aller et venir comme bon lui semble. Pour éviter de l'entendre miauler désespérément dès que la porte du jardin est fermée, offrez-lui une chatière. La technologie ayant été mise à contribution, on trouve des modèles sophistiqués qui, grâce à un système électronique relié à un collier, ne laissent rentrer que le chat de la maison.

> Laisse et collier

Certains chats citadins se promènent en laisse. Le système du harnais qui libère le cou semble le plus adéquat. Ces accessoires sont proposés en cuir ou en Nylon tressé. Le collier muni d'une petite partie élastique évite tout risque d'étranglement au cas où l'animal se retrouverait par exemple accroché à une branche.

Le chat en voyage

Le chat, à de rares exceptions près, ne semble guère apprécier les voyages et la meilleure solution est de le laisser à la maison sous la garde d'un parent ou d'un ami. Vous pouvez aussi le faire garder à domicile en vous adressant à une société de services ou à une association. Vous trouverez aussi des adresses de « cat-sitter » dans la presse.

> Les paniers de transport

Si vous l'emmenez avec vous, un panier en toile plastifié, avec une « fenêtre » transparente et des trous d'aération, a l'avantage d'être à la fois léger et sécurisant, mais a l'inconvénient de confiner l'animal. Le panier en osier est plus encombrant, mais il permet au voyageur de changer plus facilement de position. En testant les deux, vous découvrirez celui qu'il préfère. Garnissez le fond du panier ou du sac de papier journal, au cas où le chat, perturbé par le voyage, ferait pipi.

Les fabricants ont pensé à l'hygiène du chat voyageur en créant pour lui des bacs plastiques jetables, contenant une litière très absorbante, ou encore un kit en carton pouvant être utilisé trois ou quatre jours de suite.

> En voiture

Le chat n'aime pas la voiture. Un calmant conseillé par le vétérinaire et administré une demi-heure avant le départ lui rendra le voyage moins pénible. Pendant la route, donnez-lui à boire de temps en temps.

Tenu en laisse, le chat pourra être attaché sur la plage arrière, non loin de son bac, que vous aurez posé à proximité. Il peut aussi faire la route dans son panier. Les chats particulièrement stressés ont besoin de cet habitacle pour ne pas s'affoler.

> Dans le train

Dans le train, si votre chat est sage, rien ne vous interdit de le prendre sur vos genoux. Pensez aussi à lui donner à boire régulièrement. Si le voyage est long, il sera plus à l'aise dans un panier d'osier que dans un sac. N'oubliez pas de prendre son billet et de le composter.

> En avion

En avion, le tranquillisant est indispensable. Le chat peut voyager en cabine, dans un sac aéré de dimensions réglementaires que vous poserez sur vos genoux. Le nombre d'animaux acceptés en cabine étant limité, prévenez la compagnie à l'avance, sinon votre chat devra voyager en soute, dans une caisse spéciale vendue dans les magasins ou dans les compagnies aériennes.

Soyez à l'aéroport à l'avance pour avoir le temps d'enregistrer le chat. Vous paierez pour

lui soit un forfait, soit un prix calculé au tarif de l'excédent de bagage.

Si vous devez traverser les frontières, renseignez-vous avant de partir auprès du consulat du ou des pays où vous devez vous rendre pour savoir quels sont les papiers exigés et soyez sûr qu'il n'y a pas de quarantaine… Pour un chaton de moins de 3 mois, un certificat de bonne santé est suffisant.

Les soins courants

Le chat a beau faire consciencieusement sa toilette, sa robe, pour être la plus belle, doit être régulièrement brossée et éventuellement lavée. Ses yeux et ses oreilles nécessitent des soins d'hygiène. Ses dents peuvent avoir besoin d'un détartrage et ses griffes d'être coupées.

Les soins de la fourrure

Le chartreux est d'un entretien facile. Sa fourrure se contente d'un entretien hebdomadaire à la brosse de sanglier ou de porc que vous passerez à rebrousse-poil et en douceur pour ne pas casser le poil. Le peigne double, en métal, doit être passé dans le sens du poil, surtout au moment de la mue, qui est très importante au printemps et en automne. N'ayez pas d'inquiétude devant l'importante quantité de poils morts retirés, c'est tout à fait normal. Terminez par un coup de brosse à rebrousse-poil.

Les chats d'exposition sont baignés au moins une semaine avant la manifestation avec un shampooing spécial chat. Le chartreux aimant l'eau, l'opération se passe en général sans problème.

Lutter contre les parasites

Le collier antiparasitaire, qui a le mérite d'être préventif, est un bon moyen de protection contre les parasites. À condition que le chat n'y soit pas allergique. Avant de le passer à son cou, laissez-le à l'air pendant une heure ou deux. Ne le serrez pas trop. Il vaut mieux ne pas le mettre à un chat malade, trop jeune ou âgé.

Il existe de nombreux produits antiparasitaires efficaces contre les poux et les puces. Les aoûtats s'éliminent avec un anti-acarien.

Mieux vaut éviter les insecticides en poudre. Le chat, en se léchant, risque d'en avaler suffisamment pour s'intoxiquer. Les aérosols évitent ce danger. Il faut les administrer en douceur pour ne pas effrayer le chat.

Si l'animal est couvert de puces, un shampooing antiparasitaire l'en débarrassera plus facilement.

Traiter l'environnement du chat est indispensable. Pour ce faire, il existe des bombes efficaces, mais n'oubliez pas de faire sortir le chat de la pièce pendant l'opération car tous les antiparasitaires sont potentiellement toxiques pour lui.

À surveiller de près

> Soins des yeux

Le chartreux a rarement les yeux qui larmoient. Si cela se produit, prenez une gaze imbibée d'eau bouillie tiède ou d'une lotion spéciale prescrite par le vétérinaire et nettoyez l'œil doucement. Tenez solidement le chat sur vos genoux pendant cette opération.

> Soins du nez

Ils ne sont nécessaires que si le chat a le nez qui coule. Il faut alors le nettoyer avec un coton imbibé d'eau bouillie tiède pour éviter la for-

mation de croûtes. Vous pouvez aussi appliquer un peu de vaseline sur les narines.

> Soins des oreilles

Le chat nettoie très bien ses oreilles à l'aide de sa patte. Vous parachèverez son œuvre en passant délicatement une gaze humide pour enlever l'excès de cire. Si l'animal se gratte et si le conduit auditif sent mauvais, c'est un signe d'infection et le vétérinaire conseillera un traitement.

> Soins des pattes

Dans la nature, le chat use très bien ses griffes, qui se régénèrent normalement. En appartement, même s'il a un griffoir à sa disposition, il arrive que ses griffes demeurent trop longues et acérées. Il faut alors les couper au moyen d'une pince à ongles. Prenez le chat sur vos genoux, maintenez-le solidement, pressez sur la patte pour faire sortir les griffes (qui sont rétractiles) et coupez le bout d'un coup sec en prenant soin de ne pas entamer la partie rose qui contient les nerfs et les vaisseaux sanguins. Si votre chat supporte difficilement ce traitement, attendez un moment, parlez-lui, caressez-le avant d'attaquer chaque griffe. Un irréductible sera maîtrisé si vous l'enroulez dans un châle en ne laissant dépasser que la tête et une patte.

L'hygiène alimentaire

Comme le chat ne mange pas toujours très proprement, il est préférable de placer son écuelle dans la cuisine, sur un petit carré de plastique. Vous choisirez un endroit assez éloigné de la litière et votre compagnon aimant les habitudes, vous éviterez de changer son écuelle de place. Laissez toujours un bol d'eau fraîche à côté. Choisissez de la vaisselle en faïence ou en émail, de préférence au plastique. Lavez-la chaque jour et rincez-la bien. Si vous avez un chien, posez ces ustensiles sur une table à laquelle il ne pourra pas accéder, faute de quoi il risque de se servir avant le chat ou de terminer les repas à sa place si ce dernier mange par étapes.

Certains propriétaires de chats, pour sauvegarder leurs meubles et leurs rideaux, font pratiquer l'ablation des griffes. Il faut savoir que cette intervention cruelle prive le chat de ses armes naturelles et en fait un infirme, incapable de se défendre, de grimper et de chasser. Cette opération doit être exceptionnelle et pratiquée uniquement sur des chats agressifs vivant en appartement. Elle est pénible pour l'animal et il y a des risques d'infection.

> Soins des dents

Nourrissez votre chartreux avec des croquettes, donnez-lui de temps en temps un gros os à ronger et il y aura peu de risques que ses dents s'entartrent. Un chat qui vit en liberté élimine aussi naturellement le tartre en croquant les os de ses proies. Vous pouvez nettoyer les dents d'un chat d'appartement en les frottant du bout du doigt enduit d'une pâte abrasive spéciale. À condition qu'il soit calme et patient…

Un important dépôt de tartre nécessite un détartrage qui se pratique chez un vétérinaire. Le chat, sous tranquillisant, ne ressent aucune douleur.

Sa litière

S'il a accès au jardin, le chat va rechercher un petit coin tranquille et retiré pour déposer ses excréments, qu'il recouvre ensuite de terre. En appartement, il utilise un bac à sable. Le chaton apprendra d'autant plus vite le chemin du bac que celui-ci sera situé à proximité de son panier et si possible dans une pièce carrelée et aérée. Le bac doit naturellement être facilement accessible et à l'abri des regards indiscrets. Choisissez-le assez grand et avec des rebords suffisamment hauts pour que le chat, en grattant, ne fasse pas déborder la litière. Celle-ci sera changée régulièrement et les excréments seront enlevés le plus souvent possible au moyen d'une petite pelle.

Devant les très nombreuses litières existant sur le marché, vous n'avez que l'embarras du choix. Les meilleures sont peu poussiéreuses, absorbent les odeurs ou encore forment avec l'urine des petits tas compacts, faciles à enlever. Essayez-en plusieurs pour déterminer celle que votre chat semble apprécier le plus, car toutes ne conviennent pas à son odorat et à ses coussinets ultrasensibles. N'oubliez pas de désinfecter le bac à l'eau de Javel, au moins une fois par semaine.

La santé du chartreux

Le chartreux a la chance d'appartenir à une race solide. Ce qui ne dispense pas son maître de le faire vacciner, de le débarrasser d'éventuels parasites externes ou internes et d'être vigilant dès que le chat perd sa forme coutumière.

Les grandes maladies du chat

Votre petit compagnon risque un jour ou l'autre d'être la cible de virus et de bactéries. Il existe heureusement des vaccins pour le protéger contre les maladies graves comme le typhus, la leucose (FELV), le coryza ou la chlamydiose. Si le chat semble atteint, il est fortement recommandé de consulter dès les premiers symptômes.

> La panleucopénie infectieuse féline (typhus)

Due à un virus, évolue rapidement. Le chat est prostré, souffre de diarrhée et vomit. C'est un cas d'urgence.

> Le coryza

Maladie virale grave, provoque des épidémies. Au début le chat éternue ; son nez coule ; ses yeux larmoient. Il présente ensuite une forte fièvre accompagnée d'ulcérations de la bouche. Pris à temps, le coryza se guérit.

> Les leucoses

Ce sont des maladies infectieuses dues au FELV (virus de la leucose) et au FIV (virus de l'immunodéficience). Elles sont extrêmement graves et il n'existe aucun traitement efficace.

> La péritonite infectieuse féline (PIF)

Cette maladie virale, généralement mortelle et très contagieuse, se traduit par de la fièvre, des vomissements, des troubles respiratoires ou des diarrhées. Il n'existe aucun traitement.

> La rage

Maladie virale mortelle, la rage se transmet essentiellement par griffure ou morsure. L'animal atteint est agressif, bave anormalement. La maladie évolue vers la paralysie et la mort. Il n'y a pas de traitement.

> La chlamydiose

Due à une bactérie, la chlamydiose est une maladie très contagieuse. Elle se manifeste par une conjonctivite puis une rhinite purulentes. Son traitement est à base d'antibiotiques.

Quand consulter le vétérinaire

Si le chat cesse de jouer, se montre prostré, perd l'appétit, a le poil ébouriffé, a de la fièvre (au-dessus de 39 °C) et si les symptômes persistent au bout de 24 heures, il faut faire appel au vétérinaire.

> Les symptômes digestifs

Lorsque le chat souffre de vomissements répétés qui résistent à 24 heures de diète et aux antinauséeux, s'ils sont accompagnés de diarrhée et de fièvre, signes de gastro-entérite.

Si, en particulier chez le chaton et le chat âgé, une diarrhée résiste à la diète, à la prise de charbon et s'accompagne de fièvre et de prostration.

En cas de constipation opiniâtre. Les laxatifs devant être prescrits par un vétérinaire.

> Les symptômes rénaux

Lorsque le chat se met à boire beaucoup. Cela peut indiquer un diabète sucré (maladie qui frappe surtout le chat obèse et âgé de plus de 5 ans), une insuffisance rénale ou hépatique nécessitant des analyses.

Calendrier des vaccinations

Âge	Maladies
8-9 semaines	- Panleucopénie - Affections respiratoires - Leucose
12-14 semaines	- Panleucopénie - Affections respiratoires - Leucose - Rage
1 an	- Panleucopénie - Affections respiratoires - Leucose - Rage
Rappels annuels	- Panleucopénie - Affections respiratoires - Leucose - Rage

Si le volume des urines augmente très nettement, cela peut être le symptôme d'un pyomètre ou un problème hépatique.

Quand le chat urine peu, souffre et se déplace difficilement, c'est un cas d'urgence. L'insuffisance rénale chronique est fréquente chez le chat âgé. Une prise de sang est nécessaire pour confirmer le diagnostic. L'urémie, ou accumulation de l'urée dans le sang, provoque des troubles graves et une réhydratation est nécessaire.

Lorsque le chat se met à fréquenter anormalement son bac pour émettre quelques gouttes d'urine, c'est un signe de calculs. Un examen d'urgence s'impose.

En cas d'émissions d'urine fréquentes, peu abondantes, parfois teintées de sang, signes d'une infection.

Si le chat a de la fièvre, boit et urine beaucoup, souffre de diarrhée, il présente des signes d'hépatite nécessitant un examen d'urgence.

> Les symptômes respiratoires

Lorsque le chat éternue, a le nez qui coule et les yeux qui pleurent, il peut s'agir du coryza.

S'il émet une toux sonore, a du mal à respirer et de la fièvre, signes d'une bronchite ou d'une bronchopneumonie.

Lorsque le chat ne tousse presque pas, mais présente de grandes difficultés respiratoires, symptômes de pleurésie, un examen d'urgence s'impose.

> Les symptômes nerveux

En cas d'agressivité soudaine, de convulsions, de paralysie, il faut consulter d'urgence.

Lorsque le chat souffre d'une crise d'épilepsie, il perd conscience, est agité de violentes convulsions, bave et émet de l'urine pendant quelques instants. Un traitement peut diminuer considérablement la fréquence des crises.

> Les problèmes génitaux

Des écoulements purulents ou sanguinolents de la vulve sont signes de métrite. Les tumeurs mammaires nécessitent une consultation et requièrent une intervention.

> Les problèmes locomoteurs

Si le chat souffre d'arthrite ou d'arthrose, il aura besoin d'analgésiques prescrits par le vétérinaire. Les chatons rachitiques ont les pattes en S, la colonne vertébrale affaissée et une démarche hésitante ; ceux qui sont atteints d'ostéofibrose boitent et souffrent. Les traitements doivent être entrepris sans attendre.

> Les maladies de peau

Ces affections sont fréquentes chez les chats d'appartement et sont souvent longues à guérir. Le chat qui se gratte sans être infesté de parasites peut souffrir d'une allergie ou d'une infection. Le diagnostic n'est pas toujours évident. Une dermatite suintante peut apparaître si le chat, atteint de parasites, se gratte et se lèche abondamment.

La chute des poils, ou alopécie, qui se produit par plaques et en abondance, peut être le fait d'une longue maladie, d'une carence vitaminique, d'une dermatose d'origine hormonale ou de certaines affections de la peau. Les eczémas se caractérisent par des pertes de poils diffuses. Les causes ne sont pas toujours faciles à déterminer. La pulliculose, sorte d'eczéma allergique, est provoquée par les piqûres de puces.

La gale, dermatose due à un parasite, entraîne une perte de poils et de fortes démangeaisons. Elle affecte surtout les oreilles et peut s'étendre à la tête. Cette maladie est contagieuse pour l'homme. Les staphylocoques qui pénètrent dans une blessure provoquent des infections profondes qui peuvent développer des abcès. Les verrues et les kystes doivent être éliminés.

> Les maladies des oreilles

Le chat qui souffre d'une oreille penche souvent la tête de son côté. Si l'oreille interne est atteinte, il perd l'équilibre. D'une manière générale, une oreille malade doit être soignée sans attendre. La gale auriculaire se traduit par un cérumen foncé et malodorant dans le conduit auditif et par des démangeaisons. L'otite infectieuse est une inflammation douloureuse du conduit auditif qui provoque des démangeaisons. Le chat doit être traité rapidement.

> Les affections des yeux

Le premier signe d'une affection de l'œil est le larmoiement. Le chat qui souffre de conjonctivite a l'œil rouge et qui coule. Si un collyre antiseptique ne stoppe pas les symptômes, il faut consulter. Lorsque les deux yeux sont atteints, cela peut être le signe d'une maladie grave comme le coryza.

Un coup de griffe ou une infection peuvent provoquer un ulcère de la cornée caractérisé par un œil rouge et douloureux. Une consultation est indispensable.

La kératite provoque une rougeur de l'œil, la cornée devient bleutée et opaque, des taches noires apparaissent. Le diagnostic déterminera si elle est d'origine infectieuse ou allergique.

La cataracte, caractérisée par une opacité du cristallin, apparaît chez le chat qui a subi un traumatisme, est atteint de diabète sucré ou souffre d'une inflammation. Si elle entraîne la cécité, une intervention pourra être pratiquée.

Le glaucome provoque une augmentation de volume du globe oculaire, l'œil est rouge, la cornée se voile, les paupières sont enflées. Le chat risque de devenir aveugle.

> Les affections du nez

Les éternuements et le nez qui coule abondamment, sans autres signes pathologiques, indiquent une rhinite. Celle-ci peut également être due à la présence d'un corps étranger dans la narine ou d'une tumeur.

> Les maladies de la bouche et de la gorge

Des ulcérations et une salivation excessive sont signes de stomatite, qui nécessite un traitement vétérinaire. Le chat qui a du mal à avaler peut souffrir d'une inflammation du larynx ou de l'œsophage, d'une tumeur, ou avoir un corps étranger dans la gorge. Une consultation est nécessaire.

Les urgences

> Les empoisonnements

En général, le chat intoxiqué se met à saliver, à vomir et souffre de diarrhée. Certains empoisonnements par les raticides provoquent des symptômes nerveux. Essayez de déterminer la nature du produit avalé, observez bien les symptômes et appelez immédiatement le centre antipoison ou votre vétérinaire.

Ne donnez pas de lait. Si vous êtes sûr que le chat a avalé un produit toxique, faites-le vomir en lui donnant un verre d'eau salée et essayez de lui faire absorber du charbon en poudre. S'il a avalé un acide, donnez-lui du bicarbonate de soude. S'il s'agit d'un produit à base de soude, faites-lui boire du vinaigre. Les antigels ou détergents à base d'éthylène-glycol provoquent des troubles nerveux et une consultation d'urgence s'impose.

> L'ingestion d'un corps étranger

Si le chat se donne des coups de patte sur la gueule et présente des signes de détresse, vérifiez s'il ne s'est pas planté une arête de poisson ou un os dans le gosier. Ouvrez-lui la bouche et si le corps étranger est accessible, retirez-le avec une pince à épiler, sinon précipitez-vous chez le vétérinaire.

Le chat qui a avalé une boule de poils vomit une sorte de cylindre plein de poils. S'il fait des efforts pendant 48 heures sans parvenir à expulser les poils, vous devez consulter un vétérinaire.

> Les chutes

Le chat qui fait une chute importante n'est pas à l'abri d'une fracture, notamment du palais ou de la mâchoire. Si vous pensez que la colonne vertébrale est atteinte, le blessé doit être bougé le moins possible, couché sur une planche, maintenu par deux bandes et conduit de toute urgence chez le vétérinaire.

En cas de fracture ouverte de la patte, désinfectez à l'eau oxygénée puis posez le membre blessé sur une serviette pliée pour le transport. Si la fracture est fermée, faites une attelle avec deux planchettes maintenues par une bande, sans trop serrer pour ne pas entraver la circulation sanguine, et transportez le blessé avec précaution chez le vétérinaire.

> Le coup de chaleur

Le chat qui est resté trop longtemps dans une voiture en plein soleil risque un coup de chaleur qui provoque agitation et émission de bave ; sa respiration devient rapide. Mettez-le sans attendre à l'ombre, enveloppez-le dans une serviette humide et transportez-le immédiatement chez un vétérinaire.

> L'état de choc

Il peut être provoqué par une blessure grave, un traumatisme ou une électrocution. Le chat a une respiration accélérée, des battements de cœur très rapides et ses gencives sont blanches.

Il faut mettre le malade dans une couverture, couché sur le côté, lui relever la tête et soulever légèrement l'arrière-train. Ouvrez-lui la gueule en pressant sur les commissures des lèvres pour sortir sa langue doucement et rendez-vous sans attendre chez le vétérinaire.

> L'hémorragie

Avant d'aller chez le vétérinaire, il faut tout d'abord freiner l'écoulement de sang en appliquant un tampon de gaze imprégné d'eau oxygénée sur la blessure. Si celle-ci a touché une artère, le sang jaillit par saccades. Au niveau d'une patte ou de la queue, vous pouvez faire un garrot et le placer un peu au-dessus de la plaie. Le garrot doit être desserré de temps en temps pendant le trajet. Si une veine est touchée, le sang s'étale en plaque : le garrot doit être placé au-dessous de la blessure.

> Les brûlures

On soigne une brûlure légère en mettant dessus un peu d'eau froide, puis un tulle gras. Toute brûlure étendue avec la peau à vif nécessite une consultation. Une blessure du troisième degré avec état de choc constitue bien entendu une urgence.

La réanimation

Elle est nécessaire quand le chat est inerte. Après avoir vérifié que son cœur bat toujours, comprimez fortement la poitrine en appuyant sur le sternum de la paume de la main et comptez jusqu'à deux, relâchez et comptez un. Répétez l'opération pendant 30 secondes. Pratiquez ensuite le bouche à nez en soufflant fort dans les narines du chat pendant deux secondes, inspirez fortement et recommencez. La réanimation cardiaque et le bouche à nez doivent être poursuivis pendant tout le trajet chez le vétérinaire.

> Les piqûres d'insectes

Un chat piqué sur la face ou dans la gorge peut avoir des réactions allergiques : enfler ou avoir du mal à respirer. Appliquez de la glace sur la zone touchée et donnez-lui un demi-comprimé d'antihistaminique. Dans les cas graves, une trachéotomie peut être pratiquée.

Soigner son chat

> Donner une pilule, un comprimé

Si le chat est paisible, vous pouvez le maintenir contre votre poitrine du bras gauche, le pouce et l'index de la main gauche appuyant sur la commissure des lèvres pour le forcer à couvrir la gueule. De la main droite, placez la pilule ou le comprimé (divisé s'il est trop gros ou enduit de beurre) le plus profondément possible dans la gorge, refermez la gueule du chat et massez-lui doucement la gorge pour favoriser la déglutition.

Vous pouvez également écraser le comprimé et le mélanger à sa nourriture, en espérant que le chat, à l'odorat très fin, ne la refusera pas.

Autre possibilité, mélangez le comprimé en poudre à du miel ou à du beurre et enduisez-en la patte du chat. En se léchant, il absorbera le médicament.

> Faire absorber un liquide

Essayez d'abord de mélanger les gouttes ou le sirop prescrits dans la pâtée du chat. S'il la refuse, remplissez une seringue sans aiguille de la quantité à administrer, prenez le chat sur vos genoux, maintenez-le comme précédemment, introduisez la seringue à la commissure des lèvres et faites couler doucement le liquide, en plusieurs fois, pour lui laisser le temps de déglutir.

> Mettre des gouttes dans le nez

Le chat étant maintenu entre vos jambes, tenez-le fermement par la nuque de la main gauche pour lui faire redresser la tête et instillez doucement les gouttes dans chaque narine.

> Prendre la température

Posez le chat à plat ventre sur une table, maintenez-le du bras gauche, introduisez doucement dans l'anus le thermomètre enduit de vaseline et laissez-le une minute en place. La température normale d'un chat est de 38,5 °C. À partir de 40 °C, la fièvre est importante.

Si le chat n'est pas coopératif, faites-vous aider par une personne qui le tiendra sur la table pendant l'opération.

> Mettre un suppositoire

Procédez comme précédemment pour maintenir le chat, enduisez le suppositoire de vaseline et enfoncez-le le plus loin possible. Ramenez ensuite la queue du chat sur son anus pour le dissuader de rejeter le suppositoire.

> Faire une piqûre sous-cutanée

Les piqûres intramusculaires et intraveineuses doivent être administrées par un vétérinaire. La piqûre sous-cutanée est facile à faire, à condition de surmonter votre appréhension. Préparez bien la seringue et remplissez-la. Pendant qu'une personne tient le chat debout ou à plat ventre sur une table, tirez un repli de peau au niveau de l'omoplate, désinfectez-le à l'alcool à 90°, enfoncez l'aiguille parallèlement à la peau, d'un coup sec, et pressez ensuite doucement sur le piston. En principe le chat ne sent rien et ne réagit pas.

> Faire un pansement

Il faut vous faire aider par une personne qui maintiendra le chat, car ce dernier n'aura généralement pas la patience de se laisser faire sans bouger. Un bandage ne doit jamais être trop serré pour ne pas gêner la circulation, ni trop lâche car le chat aurait vite fait de s'en débarrasser. Le bandage d'une patte doit passer au-dessus et au-dessous de l'articulation. Un pansement de la tête doit être fait en huit, en laissant les oreilles libres et en prenant soin de ne pas trop le serrer.

Les parasites

> Les parasites internes

Le chaton jusqu'à l'âge de 7 ou 8 mois est souvent infesté de petits vers ronds, blancs et en forme de spirale, visibles dans les selles : les ascaris. Il faut impérativement vermifuger l'animal, car ces parasites en trop grand nombre provoquent des vomissements, des diarrhées et un affaiblissement général. Les adultes qui vivent en liberté sont également exposés.

La vermifugation peut se pratiquer dès l'âge de 8 semaines. Le vétérinaire pourra prescrire le meilleur produit et sa fréquence d'utilisation. Le chat peut également être infesté par le ténia, qui se retrouve dans ses excréments sous la forme de petits grains semblables à du riz. Il existe également de bons vermifuges contre ce parasite.

> Les parasites externes

• Les puces

Lorsque le chat se gratte, on pense d'abord aux puces, à juste titre car la piqûre de la puce provoque des démangeaisons. Pour voir ces petits insectes, il faut écarter les poils. Ils laissent aussi des déjections dans le pelage sous la forme de petits grains noirs brillants.

Un traitement antiparasitaire est indispensable car le chat, allergique à la salive de la puce, peut développer des lésions de la peau. Les puces transmettent également le ténia et pourraient jouer un rôle dans la transmission des viroses.

• Les tiques

Elles se fixent de préférence sur les oreilles du chat et entraînent une irritation ou une inflammation. La tique se retire avec une pince à épiler, d'un coup sec, après avoir été endormie à l'éther.

• Les poux

Heureusement très rares sur les chats, ils provoquent un prurit important.

• Les aoûtats

Ces acariens minuscules vivent dans l'herbe à la fin de l'été et en automne. Ils peuvent déclencher de fortes démangeaisons.

Les zoonoses

> La rage

Elle est heureusement fort rare chez l'homme grâce à la vaccination des animaux domestiques. Si toutefois une personne est mordue ou griffée par un chat suspect, elle doit immédiatement suivre un traitement à base de sérum.

> La toxoplasmose

C'est la zoonose dont on parle le plus, car elle peut entraîner de graves lésions de l'embryon chez une femme enceinte ne possédant pas d'anticorps. Elle devra alors prendre des précautions : ne pas nettoyer elle-même le bac du chat, qui devra être changé chaque jour, et confier à un autre membre de la famille le soin de le nourrir et de laver son assiette. Il faut savoir qu'un chat d'appartement, nourri exclusivement de pâtées industrielles et de croquettes et qui ne chasse pas, n'a pour ainsi dire aucun risque d'être porteur de cette maladie.

> Les autres zoonoses

La maladie des griffes du chat, qui provoque un petit abcès, se soigne très bien avec des antibiotiques. Parmi les zoonoses, on peut encore citer la tuberculose (très rare, elle nécessite pour des raisons d'hygiène publique l'euthanasie du chat), la pseudo-tuberculose, ou yersiniose, et la pasteurellose, qui se soignent avec des antibiotiques.

Un chat très robuste

Une chance pour les amateurs de cette race, le chartreux ne présente aucune fragilité particulière et sa robustesse est légendaire.

Les dangers de la maison

Le chaton est très curieux de nature et il faut absolument éviter de laisser traîner des aiguilles ou tout autre petit objet dangereux qu'il risque d'avaler. Pensez à protéger les prises de courant et à mettre hors de sa portée les fils électriques branchés qu'il pourrait être tenté de mâchouiller. Enfermez les détergents et autres produits qui peuvent l'empoisonner.

Attention aux risques de chute par la fenêtre ou par le balcon. Si l'accès est libre, il faut mettre un grillage protecteur. S'il sort dans le jardin, n'utilisez pas de raticides ou de tue-limaces et ne laissez pas les poudres insecticides à sa portée. Avant de refermer la porte de la machine à laver, une valise ou un tiroir, vérifiez si le chaton ne s'est pas installé à l'intérieur.

Surveillez-le dans la cuisine, il pourrait se brûler sur la plaque électrique ou renverser une casserole d'eau bouillante. Habituez-le également de bonne heure à ne pas mordiller les plantes d'appartement, car beaucoup d'entre elles sont toxiques pour lui.

Le troisième âge du chat

> Les effets de la vieillesse

Votre compagnon vieillit discrètement. Vers 10-12 ans, il perd un peu de sa souplesse, devient un peu moins actif et prolonge ses sommes. Ce processus prend de l'ampleur et le vieux chat qui n'échappe pas aux rhumatismes finit par se déplacer avec peine. Faire sa toilette devient difficile et il faut le brosser avec soin pour éviter la formation de bourre et le risque pour lui d'avaler une indigeste boule de poils.

> Une vie tranquille

Le chat âgé recherche la tranquillité. Protégez-le des enfants trop bruyants et remuants. Il paraît plus distant, se montre parfois irritable, mais n'en a pas moins besoin de davantage d'attentions et de caresses. Il vaut mieux éviter tout ce qui risquerait de le perturber : un dépaysement, l'arrivée d'un jeune chat ou d'un chien dans la maison. Pendant les vacances, à moins qu'elles ne se passent dans une maison qu'il connaît, faites-le garder de préférence chez lui.

> Des aliments très digestes

Le chat âgé devient plus difficile à nourrir et parfois n'accepte que certains aliments, dédaignant brusquement ceux qui, jusqu'ici, faisaient son ordinaire. Si ses dents se déchaussent, il appréciera le poisson et les viandes passées au mixer. Son régime doit comporter des aliments très digestibles, avec des protéines en petite quantité, mais de très bonne qualité : poisson, viande blanche ou bœuf maigre, du fromage blanc maigre, des haricots verts, du riz cuit, de l'huile végétale, de la levure et un complément minéral vitaminé. Donnez-lui de préférence à boire de l'eau minérale non calcaire. Surveillez attentivement les fonctions d'élimination du chat âgé, en particulier son urine, car les troubles rénaux sont fréquents. Un traitement vétérinaire fait à temps peut prolonger notablement la vie du malade. Beaucoup de chats s'éteignent doucement et nous quittent discrètement. Pour les autres, ceux qui souffrent, on se trouve souvent contraint d'avoir recours à l'euthanasie.

Son alimentation

Le chat doit trouver dans ses aliments, d'une part, l'énergie nécessaire à son entretien et parfois à des besoins spécifiques comme la gestation ou la lactation, d'autre part, un certain nombre d'éléments indispensables à la construction de son organisme.

Nourrir son chartreux

Le chartreux ne pose aucun problème d'alimentation particulier. Son bel appétit fait toutefois courir des risques à sa ligne, surtout s'il est castré et sédentaire. Veillez donc à ne pas le suralimenter.

Comme tous les chats, il flaire longuement son plat avant d'y goûter, n'aime pas trop la nouveauté et mange en plusieurs fois.

Les besoins en eau du chat sont peu importants, mais il boit davantage s'il est nourri d'aliments secs.

Le lait étant généralement mal digéré, vous lui donnerez de préférence du fromage blanc.

L'alimentation traditionnelle

Si vous préparez vous-même les repas de votre chat, sachez qu'il mange de la viande rouge, pas trop grasse, du poulet et du porc très cuit. Une fois par semaine, vous pouvez lui donner des abats. Le poumon (mou), peu énergétique, est bon pour les adultes qui ont tendance à grossir.

Le poisson très frais et sans arêtes est servi cuit. Quant aux tranches de lieu surgelé, elles sont très pratiques.

Le chat n'aime pas toujours les carottes ou les haricots verts, qui facilitent son transit intestinal. Après les avoir bien cuits, coupez-les en petits morceaux que vous mélangerez à la viande ou au poisson.

Le riz est la céréale la mieux digérée. Il doit être très cuit. Vous pouvez aussi lui donner du riz soufflé.

> Les proportions à respecter

La moitié du repas doit être constituée de viande maigre, d'abats ou de poisson. Le reste comprend 20 % de riz, 20 % de légumes verts ou de carottes, une cuillère à café et demie de levure sèche et une cuillère de complément minéral vitaminé. Ajoutez à ces aliments de l'huile végétale (maïs ou tournesol), qui fournira les acides gras essentiels. Pour éviter le dépôt de tartre, offrez-lui de temps en temps un os de veau bouilli à grignoter.

> Les quantités à donner chaque jour

Pour une femelle de 2,5 kg : 100 g en ration ménagère, 130 g en aliments complets humides, 50 g en croquettes.

Pour un mâle de 4,5 kg : 175 g en ration ménagère, 230 g en aliments complets humides, 85 g en croquettes.

Pour un mâle castré de 4 kg : 150 g en ration ménagère, 200 g en aliments complets humides, 75 g en croquettes.

L'alimentation industrielle

C'est incontestablement la plus pratique et souvent la moins onéreuse. Elle est composée d'aliments sains et appétents et est élaborée par des diététiciens qui ont veillé au bon équilibre de la ration.

> Différents produits

Les contrôles rigoureux que subissent les fabricants peuvent vous rassurer sur la qualité des aliments. La composition du produit et les quantités à donner en fonction du poids du chat figurent sur l'étiquette. Les aliments complets sont servis tels quels. Essayez différentes marques pour déterminer celle que votre chat préfère. Les aliments complémentaires sont mélangés selon les cas à de la viande ou à des céréales et des légumes verts. Les « boîtes » contiennent des préparations humides. Les plus raffinées sont présentées en petites barquettes. Les croquettes à base de farine de viande ou de poisson et de céréales sont en général très appréciées. Leur teneur en eau est faible (14 %) et le chat doit absolument pouvoir boire à satiété.

> Des aliments spécifiques

Il existe des aliments industriels spécifiques pour les chatons en croissance et des allégés pour les chats qui ont tendance à l'embonpoint. Vous trouverez chez le vétérinaire des aliments de régime pour chats diabétiques ou insuffisants rénaux.

Pour un chat obèse, vous devrez réduire les quantités d'aliments préparés : 160 g d'ali-

Ration quotidienne du chat obèse

Bœuf maigre : 25 g

Carottes : 60 g

Riz cuit : 10 g

Huile : 1 cuillère à café

Levure : 1,5 cuillère à café

Complément minéral vitaminé : 1 cuillère à café.

Le chat et les herbes

Dans la nature, les chats mangent des herbes, qui jouent un rôle de dépuratif et facilitent l'élimination des boules formées par les poils avalés lors de la toilette. Pour les chats d'appartement, il existe des pots d'herbes en vente dans les magasins spécialisés.

Le nez du chat est très sensible à l'odeur de certaines plantes : la valériane, la cataire et le thym. La cataire a même le pouvoir de provoquer une grande excitation chez beaucoup de chats lorsqu'ils la reniflent ou lèchent ses feuilles.

ments complets humides ou 60 g de croquettes.

Vous pouvez ajouter quelques légumes verts pour qu'il n'ait pas trop l'impression de rester sur sa faim.

> Conservation des aliments industriels

Les aliments humides ne doivent pas rester plus d'une journée dans l'assiette et à condition d'être au frais. Une boîte ouverte se conserve 48 heures au réfrigérateur. Sortez-la une demi-heure avant de la servir ou réchauffez-la au bain-marie si votre chat crie famine. Les croquettes ont l'avantage de ne pas s'altérer à l'air.

Pour aller plus loin

Les expositions félines

Pourquoi veut-on exposer ? Pour faire évaluer son compagnon, nouer des relations avec des personnes qui partagent la même passion, etc. Une fois le doigt dans l'engrenage, une coupe ou une cocarde remportée, le virus est pris, et il n'y a pas de vaccin pour en guérir !

Historique

> Des débuts anglais

Ce sont les Anglais qui ont inventé les expositions félines. La première de ces manifestations a eu lieu au Crystal Palace de Londres en 1871. Plus de 320 chats étaient présents, un nombre impressionnant pour une première ! Les concurrents étaient classés par races et par couleurs. On connaissait à l'époque les persans, baptisés angoras, les siamois, les british shorthair, le sacré de Birmanie et le chat de l'île de Man.

Les premiers jugements étaient rudimentaires et plutôt laxistes. Mais les choses ont changé en 1910, avec la création par le britannique Cyril Yeats du Governing Council of the Cat Fancy (GCCF), qui existe toujours. Cet organisme a établi des règlements stricts et un standard rigoureux. Pour répondre à ces critères, les éleveurs anglais travaillèrent à améliorer leurs lignées et l'élevage félin se mit à prospérer dans toute la Grande-Bretagne.

> Les premières expositions françaises

Les Français suivirent leur exemple et notre premier club félin a été créé en 1913 par le docteur Jumaud, de Saint-Raphaël. Une section du Cat Club s'est par la suite constituée à Paris sous l'égide de Mme Ravel, qui en sera longtemps la présidente. Devenu autonome en 1924, le Cat Club a ouvert son propre livre des origines.

Les premiers chartreux ont été vus par le public en 1929, lors d'une exposition qui s'est déroulée salle Wagram. Ils étaient deux en concurrence avec de nombreux persans et une vingtaine de siamois.

En 1933, la Fédération féline française (FFF) a vu le jour. Elle a été constituée par la réunion de la Société centrale féline de France, du Cat Club de Paris et du Cat Club de Champagne. Pendant la Seconde Guerre mondiale, l'élevage félin français a été quelque peu freiné. Dès la fin des hostilités, dans le but de se renforcer en regroupant les éleveurs et amis des chats, la Société centrale féline s'est intégrée au Cat Club de Paris et il ne subsista plus qu'un seul livre des origines sous la responsabilité de la Fédération féline française. Ce renouveau de l'élevage français a été concrétisé avec éclat lors de la première grande exposition internationale, organisée en 1946 par le Cat Club de Paris.

Les expositions LOOF

Le règlement et le déroulement des expositions diffèrent selon les associations organisatrices. En France, deux grands types de jugements cohabitent. Le premier, de type « traditionnel », est organisé par des associations affiliées au LOOF. Le second, de type dit « à l'américaine », est organisé grâce à un protocole d'accord avec le LOOF, par les clubs TICA français.

Pour participer à une exposition féline traditionnelle, tout chat doit avoir plus de 3 mois et être inscrit au LOOF, s'il est né en France, ou à un livre généalogique reconnu par le LOOF, s'il est né à l'étranger. Les expositions sont des concours d'élevage où l'on récompense les

Le Club du chat des chartreux

Créé en 1984, ce club de race compte de nombreux adhérents et a collaboré à plusieurs « spéciales chartreux ». Depuis le début, ses membres se sont attachés à maintenir notre chartreux tel qu'il a été décrit pour la première fois par les naturalistes du XVIIIe siècle, soucieux notamment de démontrer qu'il diffère nettement des autres chats bleus, en particulier du british blue.

Le Club du chat des chartreux travaille aussi à l'extension de la race hors de nos frontières. Il entretient des relations suivies avec les clubs américains et ses éleveurs y exportent des sujets Autre mission du club : mettre en contact les amateurs de chartreux avec des éleveurs ayant des chatons à vendre. Plusieurs délégués en province, en Belgique et en Suisse assurent ce travail.

chats qui sont le plus proches possible du standard de leur race.

> Les formalités d'inscription

Il est recommandé de s'inscrire le plus tôt possible, dès que le calendrier des expositions est diffusé, auprès du club organisateur. Il faut impérativement remplir avec soin les bulletins d'inscription et y joindre le paiement des droits de participation.

Inutile de faire concourir un chat qui ne répond pas aux nombreuses conditions exigées concernant notamment sa santé et son aspect physique. Les règlements sanitaires sont stricts.

Le propriétaire du chat doit se munir du carnet de santé de son animal dans lequel les vaccinations, obligatoirement faites par un vétérinaire, devront être à jour. Les vaccinations exigées sont celles contre la panleucopénie, ou typhus du chat, et le coryza. Celle contre la leucose est fortement recommandée. S'il n'est plus obligatoire de vacciner contre la rage depuis 2001, date à laquelle la France a été déclarée indemne de cette maladie, la Moselle exceptée, cette vaccination est pourtant souhaitable pour les chats qui voyagent souvent pour aller en exposition, et obligatoire s'ils vont à l'étranger. Tous les chats doivent être identifiés par tatouage ou par puce électronique.

> Le déroulement de la manifestation

Les expositions ont généralement lieu le samedi et le dimanche. Les exposants arrivent le matin de bonne heure. Chaque chat est examiné par un vétérinaire qui vérifie son identité, son état de santé et son carnet de vaccination. S'il est jugé apte, le chat est installé dans une cage qui lui est attribuée d'après son numéro.

Les juges sont installés derrière une table et les propriétaires leur amènent leur chat selon un ordre précis. Les juges notent leurs commentaires sur un formulaire avant de décerner, ou non, un qualificatif et un titre.

> Les qualificatifs

Les qualificatifs décernés sont les suivants : excellent, très bon, bon, insuffisant.

Dans le cas d'une classe où sont engagés quatre chats correspondant de près au standard, on pourra avoir le classement suivant : excellent 1, excellent 2, excellent 3, excellent 4.

Échelle des titres du LOOF

Titres réservés aux chats entiers, mâles ou femelles de plus de 9 mois le jour de l'exposition.

– **CAC :** Certificat d'aptitude au championnat, 60 points.

Pour être champion, un chat doit obtenir 3 titres en France ou à l'étranger, avec 2 juges différents.

– **CACIB :** Certificat d'aptitude au championnat international de beauté, 65 points.

Classe réservée aux chats déjà champions. Pour être champion international, un chat doit obtenir 3 titres avec 3 juges différents dans 2 pays différents, ou 5 titres uniquement en France avec 3 juges différents.

– **CAGCI :** Certificat d'aptitude au grand championnat international, 70 points.

Classe réservée aux chats déjà champions internationaux. Pour être grand champion international, un chat doit obtenir 3 titres, dont 2 à l'étranger avec 3 juges différents, ou 6 titres en France avec 5 juges différents et 2 contre-signatures au maximum.

– **CACE :** Certificat d'aptitude au championnat d'Europe, 80 points.

Classe réservée aux chats déjà grands champions internationaux. Pour être champion d'Europe, un chat doit obtenir 5 titres, dont 2 à l'étranger avec 4 juges différents, ou 6 titres en France avec 6 juges différents et 2 contre-signatures au maximum.

– **CAGCE :** Certificat d'aptitude au grand championnat d'Europe, 90 points.

Classe réservée aux chats déjà champions d'Europe. Pour être grand champion d'Europe, un chat doit obtenir 6 titres, dont 3 à l'étranger avec 4 juges différents, ou 7 titres en France avec 6 juges différents et 2 contre-signatures au maximum.

Titres réservés aux chats neutres âgés de plus de 9 mois le jour de l'exposition.

Les chats neutres, c'est-à-dire castrés, concourent dans des catégories qui leur sont réservées. Elles reprennent la classification des chats entiers avec les mêmes exigences et les mêmes règles. La catégorie des neutres permet à des chats stérilisés pour des raisons de santé ou de convenance de faire carrière en tant que chats d'exposition. Un chat castré, déjà champion dans la catégorie des chats entiers, doit recommencer sa carrière à partir du premier niveau. Il est recommandé de se munir d'un certificat vétérinaire de stérilisation pour justifier l'engagement des femelles dans cette classe.

– **CAP :** Certificat d'aptitude au prémoriat, 60 points.

– **CACIP :** Certificat d'aptitude au prémoriat international, 65 points.

– **CAGCI :** Certificat d'aptitude au grand prémoriat international, 70 points.

– **CAPE :** Certificat d'aptitude au prémoriat d'Europe, 80 points.

– **CAGPE :** Certificat d'aptitude au grand prémoriat international, 90 points.

Seul le chat classé excellent 1 pourra prétendre au titre correspondant à la classe dans laquelle il est engagé.

> Les titres

Les titres sont décernés aux chats entiers âgés de 9 mois révolus.

L'attribution des titres se fait par rapport au standard et non par rapport aux chats présents. Si aucun chat n'est méritant, le juge peut refuser d'accorder un titre à une classe.

Outre la description du chat idéal, tout standard comporte une échelle de points notée sur 100, qui sert de référence pour la hiérarchisation des qualités et des défauts, et qui permet de souligner ce qui est essentiel dans une race. Les titres attribués aux chats adultes tiennent compte de ces points et les juges appliquent cette progression dans la qualité. Ainsi, un chat qui obtiendrait 80/100 points selon le standard pourrait prétendre, d'après les règlements français du LOOF, au titre de champion et de grand champion, mais pas à celui de grand champion international. Pourtant, il faut souligner qu'au-delà de la stricte notation des points, c'est un ensemble que l'on juge. Ainsi, l'attribution d'un CAC (Certificat d'aptitude au championnat) signifie que le chat est dans le standard de la race et ne présente pas de défauts majeurs. En revanche, un CAGCE (Certificat d'aptitude au grand championnat d'Europe) ne doit être attribué qu'à un chat quasi… parfait.

> Les chatons

Les chatons sont acceptés en exposition à partir de l'âge de 3 mois. Deux catégories leur sont réservées selon leur âge : 3-6 mois et 6-9 mois.

Ils sont jugés individuellement et concourent par classes de race, couleur et sexe.

Les chatons ne concourent pas pour un titre mais pour un qualificatif : excellent, très bon, bon, insuffisant. Ils participent aux Best Variétés et aux Best in Show.

> Les Best

Une fois les titres et qualificatifs décernés, les juges reprennent les meilleurs chats de chaque classe pour remettre des récompenses appelées « Best ».

• Best in Show

Les Best in Show sont attribués aux meilleurs chats dans chaque longueur de poil (poil long, poil mi-long et poil court), quelle que soit leur race. Le chartreux étant un chat à poil court, il concourt avec les orientaux, les british short hair, les manx, etc. Selon son âge et son sexe, il briguera la récompense suivante :

- Meilleur mâle poil court.
- Meilleur mâle neutre poil court.
- Meilleure femelle poil court.
- Meilleure femelle neutre poil court.
- Meilleure femelle neutre poil court.
- Meilleure jeune mâle 6-9 mois poil court.
- Meilleure jeune femelle 6-9 mois poil court.
- Meilleur jeune mâle 3-6 mois poil court.
- Meilleure jeune femelle 3-6 mois poil court.

• Best of Best

Une fois les Best in Show attribués, le collège des juges vote pour nommer le meilleur chat par catégories de poil et décerner ainsi le Best of Best soit, pour un chartreux, le meilleur chat à poil court, toutes races, tous âges et tous sexes confondus.

• Best Suprême

Une fois les Best of Best décernés (Best of Best poil court, Best of Best poil mi-long, Best of Best poil long), le collège des juges vote une dernière fois pour choisir le meilleur chat de l'exposition, que l'on appelle Best Suprême.

L'élevage du chartreux

Si vous possédez une femelle chartreux, faites-lui faire au moins une portée, pour son équilibre et pour la joie de voir grandir des chatons. Ensuite, vous pourrez éventuellement la faire stériliser.

La reproduction

> Les chaleurs

Elles se produisent en moyenne chez les femelles à partir de 5 mois et demi ou 6 mois, mais peuvent intervenir, chez certaines chattes, vers 1 an seulement. Le mâle peut se reproduire entre 8 et 9 mois, mais certains sujets sont beaucoup moins précoces. Mieux vaut attendre que la femelle ait 15 mois pour un premier accouplement. Il faut aussi que celle-ci, comme son partenaire, soit en bonne forme.

La fréquence des chaleurs varie considérablement selon les sujets. En appartement, elles se produisent tout au long de l'année, mais si les chattes vivent à l'extérieur, les chaleurs s'arrêtent en septembre pour reprendre en janvier-février, afin que les chatons naissent au printemps.

La femelle chartreux est une amoureuse qui se contente de miauler discrètement en se roulant sur le dos et de se montrer plus caressante pendant la dizaine de jours du cycle où elle est réceptive.

La chatte est fécondable à partir du troisième jour de ses chaleurs et pendant un temps plus ou moins long, allant de 6 à 10 ou 12 jours, selon les races et les individus.

> Le choix d'un étalon ou d'une femelle

Pour trouver un partenaire chartreux, vous pouvez vous adresser au club de la race, lire les petites annonces d'*Atout Chat* ou contacter les vétérinaires. Vous pouvez aussi vous rendre dans une exposition pour voir les chats de près et rencontrer des éleveurs. Sélectionnez l'étalon ou la femelle avec soin et demandez à voir les pedigrees. Si le chat est d'une bonne lignée, vous aurez plus de chances de bien vendre les chatons, car ceux-ci pourront, plus tard, tenter leur chance dans les expositions.

Évitez le mâle monorchide – dont un seul testicule est descendu – car il peut se reproduire mais risque de transmettre cette tare à ses chatons.

Demandez un certificat de vaccination et de santé attestant que le reproducteur n'est pas atteint d'une maladie contagieuse.

Le propriétaire de l'étalon peut soit vous demander une somme d'argent pour la saillie, soit se réserver le plus beau chaton de la portée.

> L'accouplement

Le mâle risquant d'être inhibé en territoire inconnu, la femelle est le plus souvent conduite chez lui. Après la cour d'usage, quand la chatte est réceptive, elle prend une position particulière : elle relève son arrière-train et porte sa queue de côté pour laisser apparaître la vulve.

L'étalon plaque alors la femelle sur le sol, la saisit par le cou avec ses dents puis la chevauche. Au moment de l'éjaculation du mâle, elle pousse un cri et se sépare brutalement de son partenaire. Ensuite, la chatte se détend, se roule sur le dos en ronronnant, se lèche, mais accueille les élans de tendresse du mâle par des coups de griffe.

La saillie est brève, mais peut se reproduire plusieurs fois en une heure. C'est le coït qui déclenche l'ovulation, la formation du corps jaune et la production de progestérone. Une femelle peut être saillie par plusieurs mâles, être fécondée plusieurs fois et donner naissance à des chatons de pères différents.

Si votre chatte a été malencontreusement saillie par un chat autre qu'un chartreux, elle aura une portée altérée, mais si, par la suite, elle est accouplée avec un chartreux, cette nouvelle portée sera de pure race.

> Les précautions à prendre

La première fois qu'il saillit, le mâle doit avoir une partenaire douce, sinon il risque d'être inhibé à vie. Évitez de présenter une femelle vierge à un chat agressif ou encore de mettre en présence deux chats sans expérience. Il faut parfois plusieurs jours de tête à tête pour que les deux partenaires s'accouplent avec succès. Si rien ne se passe, attendez les prochaines chaleurs et changez, si possible, d'étalon. En revanche, entre deux chats expérimentés, les accouplements sont en général vite fructueux.

Une première saillie ne sera pas forcément productive et il est fréquent de devoir accoupler la chatte plusieurs fois. Si, après plusieurs saillies, la femelle n'est toujours pas en gestation, il faut consulter le vétérinaire qui déterminera la cause de cette infertilité.

> La gestation

Une chatte qui attend des petits change d'attitude, devient plus caressante que d'habitude et plus calme. Elle recherchera encore davantage votre compagnie.

Le ventre commence à s'arrondir vers la quatrième semaine, une semaine plus tard, les mamelles enflent et le ventre devient de plus en plus gros. Vers la sixième semaine, quand les chatons commencent à bouger, il est possible d'en déterminer le nombre à la palpation.

Le régime de la chatte en gestation

Il lui faut des protéines de qualité et ses besoins augmentent surtout à partir du deuxième mois. Ils atteignent le maximum entre la sixième et la septième semaine.

Ration ménagère :
120 g de bœuf maigre
30 g de haricots verts
60 g de riz cuit
3 cuillères à café d'huile
1 cuillère à café de levure sèche
1 cuillère à café de CMV

Aliments industriels :
Aliments complets humides : 400 g
Croquettes : 140 g

La mère va porter ses petits pendant deux mois et huit jours environ. La dernière semaine, elle s'agite et se met en quête d'un nid pour sa future portée. Vous pouvez installer dans un endroit retiré une corbeille garnie d'un coussin recouvert d'un linge propre, mais rien ne dit que la chatte l'adoptera. Elle peut très bien choisir un tiroir, le fond d'une armoire ou votre lit pour mettre bas. Inutile d'aller contre ses instincts. Contentez-vous de recouvrir cet endroit d'une serviette éponge bien propre.

Le chartreux n'est pas très prolifique et les portées sont en moyenne de quatre à six petits, mais certains éleveurs ont constaté des variations de un à dix chatons… Une chatte qui la première fois a une portée de deux chatons ne fera en général jamais de grosses portées, celle qui en a quatre ou cinq la première fois aura toutes les chances de faire de belles portées, même s'il y a des exceptions.

> La mise bas

Quand la naissance est imminente, la chatte devient agitée, miaule pour exprimer son inquiétude, puis sa respiration s'accélère, les contractions commencent et le premier chaton apparaît.

Vous devez laisser faire la nature, mais rester à proximité au cas où un incident surviendrait, ce qui est rare chez le chartreux, surtout s'il vit à l'extérieur. Selon les études d'un biologiste, le fait de consommer des souris procurerait à la chatte des éléments nutritifs qui faciliteraient la mise bas.

En général les petits sortent toutes les quinze minutes, mais l'intervalle entre deux naissances peut aller jusqu'à une heure et plus. La mère coupe le cordon ombilical qui la relie au chaton avec ses dents, puis elle le lèche vigoureusement pour le débarrasser de l'enveloppe placentaire qui le recouvre et le sécher, opération qui a aussi pour effet de stimuler la respi-

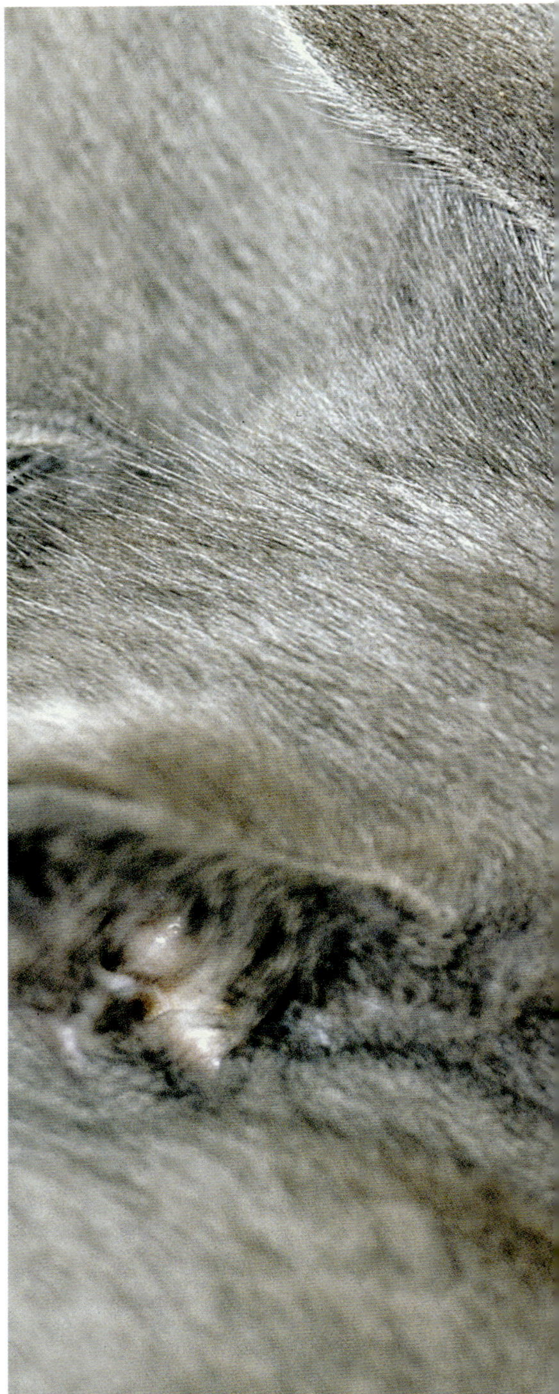

Mise bas : quand appeler le vétérinaire ?

– Si le terme est dépassé et qu'un liquide verdâtre sort de la vulve, cela signifie que les fœtus sont morts. Une intervention d'urgence est nécessaire.

– Si, après la perte des eaux, rien ne se produit.

– Si la chatte, après trois ou quatre heures d'effort, n'a toujours pas expulsé son premier chaton. Une présentation par le siège peut nécessiter une césarienne.

– Lorsqu'un chaton se présente de travers ou reste bloqué, et si vous ne parvenez pas à le dégager en tirant doucement par la tête après avoir enduit la vulve de vaseline.

– Si la chatte cesse brusquement de pousser. Une injection fera alors repartir les contractions.

– Si, après la mise bas, la mère se met à trembler et souffre de convulsions, le vétérinaire fera une injection de calcium et de phosphore pour stopper cette crise d'éclampsie.

– Lorsque la mère a trop de lait ou si les chatons mordent ou griffent trop les mamelles, elle peut développer une inflammation. Des compresses la soulageront et le vétérinaire prescrira des hormones pour tarir la lactation.

– Un ventre dur et un liquide purulent s'écoulant de la vulve sont signes de métrite et nécessite un traitement antibiotique.

ration du nouveau-né. La chatte, en mangeant le placenta, absorbe des substances qui favoriseront la lactation.

Après la mise bas, la mère a besoin de calme. Mettez à sa portée un bol d'eau, du lait avec un jaune d'œuf battu et son bac garni d'une litière bien propre.

L'élevage des chatons

> L'alimentation des chatons

• L'allaitement artificiel

Si la chatte refuse de nourrir ses petits, si elle n'a pas assez de lait, la portée étant trop nombreuse, ou si son lait est toxique, vous serez obligé de recourir à l'allaitement artificiel, à moins de trouver une mère de remplacement.

Avant de donner un premier biberon, tirez sur les mamelles pour recueillir un peu de colostrum, qui protège les chatons contre les risques d'infection.

Prenez une seringue et fixez-y un petit tuyau de caoutchouc, un compte-gouttes ou un biberon de poupée. Prenez doucement le chaton dans le creux de la main et faites couler doucement le lait entre ses gencives.

Vous trouverez chez les vétérinaires ou en pharmacie du lait de chatte reconstitué. Il suffit de diluer cette poudre dans l'eau chaude et les quantités à donner sont indiquées. Vous pouvez aussi utiliser des laits pour bébé en doublant la concentration.

Au début, vous donnerez le biberon toutes les deux heures, jour et nuit. La deuxième semaine, diminuez les biberons de nuit et dès la troisième semaine, donnez quatre repas par jour.

Si un chaton souffre de diarrhée, remplacez le lait par un biberon d'eau de carotte et revenez progressivement au lait quand les symptômes auront disparu.

Le régime de la chatte allaitante

Elle a besoin d'une ration énergétique à teneur en graisse renforcée.

Préparation ménagère :

180 g de bœuf maigre
110 g de lait entier
1 œuf entier
50 g de carottes
50 g de riz cuit
5 cuillères à café d'huile
2 cuillères à café de levure sèche
2 cuillères à café de CMV

Préparation industrielle :

Aliments complets humides : 800 g
Aliments complets secs : 285 g

• Le sevrage des chatons

Les petits chartreux sont moins précoces que les siamois ou les abyssins, voire que certains petits persans. Il faut cinq semaines pour qu'ils acceptent la nourriture, parfois même six semaines.

Mettez un peu de lait dans une soucoupe et encouragez les chatons à y goûter en léchant votre doigt trempé dedans. Remplacez ensuite le lait par une bouillie de céréales.

Au début du sevrage, les petits continuent à téter le lait maternel, qui devient de moins en moins abondant.

À partir de 6 semaines, ajoutez à la bouillie de la viande finement hachée, du poisson bouilli sans arêtes, des légumes verts mixés, du riz très cuit, un jaune d'œuf et un complément vitaminé. Vous pouvez aussi mélanger à la bouillie des aliments industriels spécialement conçus pour les chatons.

L'introduction d'aliments nouveaux doit toujours être très progressive. Vous pouvez augmenter chaque jour les doses en étalant sur une semaine.

Au début, la bouillie sera donnée une fois par jour, puis deux, et vers 6 semaines quatre fois par jour. Ainsi, le sevrage pourra être total dès la huitième semaine.

Une fois sevré, le chaton peut passer à trois ou quatre repas par jour selon son appétit, puis à deux repas.

Contraception et stérilisation

> La contraception

Elle se justifie lorsqu'une chatte risque de faire des rencontres indésirables au moment de ses chaleurs. Elle ne doit en aucun cas être prati-

quée avant les premières chaleurs et ne doit jamais être systématique. Il faut permettre de temps en temps le retour naturel des chaleurs.

Il existe des comprimés anticonceptionnels qui se donnent avant les chaleurs ou dès leur début, ou des injections qui bloquent le cycle pendant six à huit mois. Ces produits ne doivent être donnés qu'après examen de la chatte par un vétérinaire.

Lorsqu'une femelle a été malencontreusement saillie, le vétérinaire peut provoquer un avortement par l'injection d'hormones dans les douze jours qui suivent l'accouplement. Cette pratique, qui n'est pas sans danger pour la santé de la femelle, ne doit être qu'exceptionnelle.

> La stérilisation

• L'ovariectomie

La stérilisation de la femelle est possible dès que les premières chaleurs se sont déroulées normalement. L'ovariectomie se pratique sous anesthésie générale. Des chattes ayant eu des portées peuvent également subir cette intervention. L'ovariectomie fatigue la femelle, mais celle-ci peut rentrer chez elle le soir même.

• La castration

La castration du mâle se pratique de préférence entre 8 et 9 mois. C'est une intervention sans gravité, qui se fait sous anesthésie générale. L'ablation des testicules supprime les manifestations désagréables du mâle en rut. La vasectomie, ou section des canaux conducteurs des spermatozoïdes, rend le chat stérile, mais son comportement sexuel reste intact.

La plupart des chats de compagnie qui ne sont pas appelés à se reproduire sont castrés. En général, les mâles opérés ne déposent plus de jets malodorants dans les coins et sont plus calmes. Ils ne se battent plus avec leurs congénères, font moins d'exercice et ont tendance à grossir.

Devenir éleveur

> Démarrer un élevage

En mariant votre chatte de race à un bon étalon, vous aurez déjà pris un bon départ. Il vous faudra ensuite sélectionner vos lignées en vous fondant sur le standard, qui définit les critères esthétiques du chartreux. Le principe de base consiste à écarter de la reproduction les sujets qui présentent des défauts et à n'utiliser que les chats les plus proches du standard.

Les croisements entre des chats de la même famille, mère et fils, frères et sœurs ou entre cousins aboutissent à la formation de lignées. Cette consanguinité a l'avantage de préserver la pureté d'une lignée, mais elle doit être assortie d'une sélection sévère, faute de quoi la qualité des portées serait altérée. On risque de voir naître des chatons présentant certaines anomalies, fragilisés, ou encore d'avoir des femelles moins fertiles.

Les croisements consanguins ne doivent donc pas être systématiques et des apports de sang neuf sont nécessaires pour la bonne santé d'une lignée.

En ce qui concerne le chartreux, les éleveurs n'ont pas à rechercher de nouvelles couleurs de robe, puisque celle-ci est unique, mais à trouver le meilleur ton de bleu, à préserver la beauté du poil et la morphologie de la race.

Il faut savoir qu'un beau chat d'exposition ne sera pas forcément un bon reproducteur et inversement.

> Les papiers à remplir

Vous êtes tenu de faire une déclaration d'établissement d'hébergement de chiens et de chats (le formulaire est remis gratuitement par la DDSV) et de tenir deux registres : l'un où vous indiquerez les entrées et sorties d'animaux, l'autre où vous signalerez l'état de santé de l'élevage, vaccins, épidémies, etc. Ces nouveaux documents du Centre d'enregistrement et de révision de formulaires administratifs (CERFA), entrés en vigueur le 1er mars 1994, sont payants.

Il est indispensable de contacter une assurance auprès de la Mutualité sociale agricole, qui couvre notamment les frais causés par des maladies.

> La chatterie

Les éleveurs qui possèdent un jardin installent en général une chatterie pour leurs animaux ;

Quelques questions à se poser

Avant de vous lancer dans l'élevage, vous devez vous poser un certain nombre de questions.

Monter un élevage entraîne des frais : avez-vous des fonds disponibles ? Sachez que les banques ne sont pas disposées à financer ce métier particulier. En plus de l'installation de la chatterie, il faut compter les frais d'entretien, de nourriture, de vétérinaire, la publicité (indispensable pour vendre les chatons), et les déplacements. Vous devez donc être capable d'assurer la gestion de votre élevage.

Êtes-vous suffisamment disponible pour nourrir et soigner une bande de chats, pour nettoyer leur environnement, pour accorder aux futures mères toute l'attention qu'elles méritent ?

Aurez-vous suffisamment d'espace pour vos chats ? La chatterie doit être assez vaste et pas trop proche des habitations voisines : il existe une distance minimale réglementaire. Pour la connaître, ainsi que les différents critères d'aménagement et d'hygiène à respecter, il faut vous adresser à la direction départementale des services vétérinaires.

Votre élevage ne sera-t-il pas trop ruineux ? Un risque à courir si vous habitez une région mal desservie et si plusieurs autres éleveurs de la race se trouvent dans les environs.

ce qui a l'avantage de leur faire prendre l'air dès les beaux jours sans risquer de les perdre. La chatterie doit être construite dans un endroit sec et à l'abri du vent.

Le principe consiste à disposer à l'intérieur d'un espace grillagé assez vaste des maisonnettes généralement en bois, placées à environ 50 cm du sol, bien isolées et chauffées.

Le sol de ces habitations est recouvert d'un matériau facile à nettoyer et à désinfecter. Un ou deux arbres, plantés dans l'enclos, permettent aux chats de faire de l'exercice.

À l'intérieur de l'enclos, un autre grillage sépare les mâles des femelles, tout en laissant aux futurs partenaires la possibilité de s'observer et aux mâles de sentir les odeurs émises par les femelles en chaleur.

L'installation d'une chatterie, qui peut aussi être à l'intérieur, devient indispensable si l'on veut faire de l'élevage à grande échelle.

À l'intérieur, les chats sont installés généralement dans des boxes donnant sur une pièce commune garnie de poteaux, de planches surélevées, d'arbres à grimper, de jouets et de bacs à sable destinée aux ébats des chats.

On doit toujours prévoir un endroit réservé au toilettage et une pièce isolée pour soigner les chats malades. Une autre pièce est destinée à recevoir le mâle et la femelle pour l'accouplement.

En guise de conclusion

Beaucoup de raisons peuvent vous entraîner à vivre avec un chat. D'abord des motivations d'ordre affectif. Comme l'ont révélé différents sondages auprès des maîtres, nous choisissons d'abord un chat pour l'aimer, avant même toute considération d'ordre esthétique.

Ces dernières viennent en général au second plan. Celui qui adopte un chartreux est attiré par sa physionomie particulièrement sympathique, par son aspect sécurisant et par la beauté exceptionnelle de son abondante fourrure.

En partageant la vie d'un chat, vous découvrirez le bonheur d'une présence affectueuse, intense mais discrète, la fascination quasi magique exercée par cet animal gracieux et caressant, dont l'art de vivre est une grande leçon de sérénité.

Le chat vous aidera aussi à ne pas perdre contact avec la nature, indispensable à notre équilibre, mais que l'urbanisation rend de plus en plus lointaine.

Tous les maîtres n'ont pas la même attitude envers leur chat. Beaucoup d'entre nous l'aiment en liberté et prennent plaisir à le voir grimper aux arbres et chasser. Le chartreux, qui n'a rien perdu de son naturel, convient alors particulièrement.

D'autres préfèrent lui faire mener une existence confortable et sûre entre quatre murs. Un sort dont le chartreux, qui a de grandes facultés d'adaptation, semble se contenter, surtout s'il n'a jamais connu autre chose. Ces chats d'appartement sont en général castrés.

Vous pourrez également vous découvrir une vocation d'éleveur. Pour le simple plaisir de voir naître et grandir des chatons ou pour rentabiliser des portées. De là aux concours, il n'y a qu'un pas, que vous franchirez d'ailleurs souvent en élevant vos lignées avec le plus grand soin dans l'espoir de voir un jour l'un de vos chats, bardé de cocardes, accéder à la plus haute marche des podiums. Les plus passionnés d'entre nous consacrent tout leur temps libre, leur énergie et beaucoup d'argent à courir les expositions. Quant aux chats, ils paraissent prendre la chose avec philosophie et la plupart d'entre eux s'exhibent avec complaisance, quelques-uns même ont l'air de prendre un certain plaisir aux honneurs et aux compliments. Minet serait-il aussi un peu cabot ?

Glossaire

Bajoues : phénomène de développement des muscles maxillaires chez le mâle adulte.
Balance : se dit de l'équilibre physique général du chat.

CFA : *Cat Fanciers Association ;* la plus importante association féline américaine.
Coussinet : masse de chair formant la voûte plantaire du chat.
Cryptorchidie : absence de testicules dans les bourses (défaut éliminatoire).

Disqualification : défaut ou tare grave n'autorisant pas le juge à donner un titre ou une place dans un concours. Tout chat présentant un tel défaut ne devrait pas être autorisé à la reproduction et est éliminé des concours.

Hétérozygote : cellule possédant deux gènes différents (un dominant et un récessif), reçus de chacun des parents.
Homozygote : cellule possédant deux gènes identiques récessifs ou dominants.

FIFé : Fédération internationale féline ; c'est la plus importante des associations européennes.

GCCF : *Governing Council of the Cat Fancy ;* association féline de Grande-Bretagne.

Livre officiel des origines félines (LOOF) : seul organisme habilité à établir les pedigrees des chats de race.

Monorchidie : un seul testicule est à sa place (défaut majeur).

Paton : endroit charnu du museau de chaque côté du nez où poussent les moustaches.
Pedigree : document officiel indiquant les nom, date de naissance, race, couleur du chat, ainsi que ses ancêtres et leur couleur. C'est un arbre généalogique attestant de ses origines.
Pigmentation : coloration du poil, des granules plus ou moins concentrées dans le poil.

Robe : pelage.

Sous-poil : poil très fin près du corps, plus ou moins fourni selon les races.
Stop : point situé au milieu du visage marquant la séparation entre le crâne et la face.

TICA : *The International Cat Association.*

Adresses utiles

Livre officiel des origines félines (LOOF)
5, rue Regnault
93500 Pantin
Tél. : 01 41 71 03 35
Fax : 01 41 71 08 43
Site : www.loof.asso.fr

Club du chat des chartreux
11 bis, rue du Colisée
75008 Paris
Tél. : 01 45 62 03 31
Sit : chat.des.chartreux.free.fr

Tatouage : Fichier national félin
10, place Léon-Blum
75011 Paris
Tél. : 01 43 79 89 77

Puce électronique : SIEV (Société d'identification électronique vétérinaire)
112-114, avenue Gabriel-Péri
94246 L'Hay-les-Roses Cedex
Tél. : 01 55 01 08 08

Chat perdu ou trouvé
Fichier national félin
Tél. : 01 44 93 30 30
Par Minitel : 3617 code FELITEL

SPA (service de recherches)
Tél. : 01 47 98 57 40

Bibliographie

– Chaurand, J.-P., Gagnon, A.-C., Larue, J.-F., *Comportement du chat et ses troubles,* éditions du Point Vétérinaire.
– Collectif. *Guide des chats,* éditions Sélection du Reader's Digest.
– Sacase, C. *Les chats,* éditions Solar, « Guide Vert ».
– Simmonet, J., *Le chat des chartreux,* Paris, 1989.
– Wolter, A., *Diététichat,* éditions De Vecchi.

> Revue mensuelle

– *Atout Chat*
Complexe industriel de la Hunière
78120 Sonchamp.

INDEX

Crédits photographiques

Bernie/COGIS : 40, 45 h, 48-49, 52-53 ; **Damman/COGIS :** 7, 15, 43, 53 b, 57, 73, 88, 128 ; **Excalibur/COGIS :** 90, 139 ; **Gehlhar/COGIS :** 77 ; **Gengoux/COGIS :** 107 ; **Hermeline/COGIS :** 18, 30-31, 44-45, 46 h, 82, 86, 89, 94, 97, 104, 106-107, 110, 114-115, 119, 12, 133, 141 ; **Labat/COGIS :** 4, 24, 25, 28-29, 38-39, 41 b, 41 h, 56, 58-59, 62-63, 66-67, 68 b, 72 b, 74-75, 76, 78-79, 81, 83, 84-85, 87, 96, 102-103, 108-109, 120, 125, 126-127, 134 ; **Lanceau/COGIS :** 10, 14, 20, 21, 22-23, 26, 28, 32, 34-35, 42, 51, 60, 65, 66, 69, 72 h, 80, 8-9, 93, 98-99, 111, 117, 118, 122-123, 124, 130-131, 135, 136-137, 138, 140 ; **Lili/COGIS :** 16-17, 47 ; **Simon/COGIS :** 11, 36, 37, 46 b, 50, 54-55, 6, 68 h, 70-7, 100-101, 113 ; **Vedie/COGIS :** 33, 34.